reinhardt

Tanja Jungmann • Christiane Miosga • Sandra Neumann

Lehrersprache und Gesprächsführung in der inklusiven Grundschule

Mit 14 Abbildungen und 7 Tabellen

Mit Online-Zusatzmaterial

Ernst Reinhardt Verlag München

Prof. Dr. *Tanja Jungmann*, Diplom-Psychologin, ist an der Carl von Ossietzky Universität Oldenburg als Professorin für Sprache und Kommunikation und ihre sonderpädagogische Förderung beschäftigt.
Prof. Dr. *Christiane Miosga* ist in der Abteilung für Sprach-Pädagogik und -Therapie an der Leibniz Universität Hannover beschäftigt.
Prof. Dr. *Sandra Neumann* hat die Professur für Inklusive Bildungsprozesse bei Beeinträchtigungen von Sprache und Kommunikation an der Universität Erfurt inne.

Im Ernst Reinhardt Verlag ebenfalls erschienen:
Gartmann, J., Jungmann, T.: Überall steckt Bewegung drin
(1. Aufl. 2021; ISBN 978-3-497-03020-0)
Koch, K., Schulz, A., Jungmann, T.: Überall steckt Mathe drin
(2. Aufl. 2020; ISBN 978-3-497-02951-8)
Jungmann, T., Koch, K., Schulz, A.: Überall stecken Gefühle drin
(2. Aufl. 2019; ISBN 978-3-497-02833-7)
Jungmann, T., Morawiak, U., Meindl, M.: Überall steckt Sprache drin
(2. Aufl. 2018; ISBN 978-3-497-02756-9)
Koch, K., Jungmann, T.: Kinder mit geistiger Behinderung unterrichten
(1. Aufl. 2017; ISBN 978-3-497-02720-0)

Bibliografische Information der Deutschen Nationalbibliothek

Die Deutsche Nationalbibliothek verzeichnet diese Publikation in der Deutschen Nationalbibliografie; detaillierte bibliografische Daten sind im Internet über <http://dnb.d-nb.de> abrufbar.

ISBN 978-3-497-03030-9 (Print)
ISBN 978-3-497-61478-3 (PDF-E-Book)
ISBN 978-3-497-61479-0 (EPUB)

Printed in EU
Cover unter Verwendung eines Fotos von iStock.com/monkeybusinessimages
(Agenturfoto. Mit Models gestellt)
Abb. 4 und Downloadmaterial unter Verwendung von Abbildungen von Prof. Dr. Christiane Miosga
Abb. 11 unter Verwendung von zwei Abbildungen aus: Fox-Boyer, A. (2016): Lautsymbole für die Phonologische Therapie. Anhang zu: Kindliche Aussprachestörungen. Phonologischer Erwerb – Differenzialdiagnostik – Therapie. In: https://www.skvshop.de/objects/downloads/de/886.pdf, Schulz-Kirchner Verlag GmbH, Idstein
Downloadmaterial und Abb. 12 unter Verwendung von Abbildungen von Fanny Riebicke
Downloadmaterial zu Kap. 5.4 unter Verwendung von Abbildungen von Lea Fichtmüller
Satz: JÖRG KALIES – Satz, Layout, Grafik & Druck, Unterumbach

Ernst Reinhardt Verlag, Kemnatenstr. 46, D-80639 München
Net: www.reinhardt-verlag.de E-Mail: info@reinhardt-verlag.de

Inhalt

Vorwort

Wer im Unterricht die eigene Sprache lernförderlich einsetzen und Gespräche führen möchte, die im Kontext von Inklusion Teilhabe ermöglichen, findet zahlreiche Publikationen, die das Thema aus verschiedenen Perspektiven aufgreifen. Zum einen wird auf sprach- und kultursensibles Gesprächshandeln verwiesen, um mehrsprachigen SchülerInnen bildungssprachliche Teilhabe zu ermöglichen; zum anderen stehen Sprachlehrstrategien im Fokus, die das sprachliche Lernen insbesondere von Kindern mit sprachlichen Beeinträchtigungen oder beim (Fremd-)Sprachenlernen unterstützen sollen. Daneben wird sprach- und diskurserwerbsförderliches LehrerInnenhandeln insbesondere im inklusiven Deutschunterricht behandelt, um allen Kindern sprachliche und fachliche Lerngelegenheiten zu bieten. Und in wiederum anderen Werken zum Thema wird aufgezeigt, wie durch reflexives Handeln sprachliche und kommunikative Barrieren vermieden werden können und Professionalisierung ermöglicht wird.

Daneben gibt es zahlreiche Ratgeber zur Körpersprache, zur LehrerInnenstimme oder zur Gesprächsführung für Lehrkräfte, die den „richtigen" Einsatz der LehrerInnensprache, einschließlich der „Do's" und „Dont's", vermitteln möchten.

Somit stellte sich auch uns zu Beginn dieses Buchprojektes die Frage: Brauchen wir noch ein Buch zum Thema Sprechen und Sprachförderung im inklusiven Unterricht? Denn: Sprechen kann (fast) jede/r! Aber jede/r spricht auf ihre/seine Weise, jeweils auf der Basis ihrer/seiner individuellen und fachlichen Kommunikationsbiografie, Haltung und theoretischen Perspektive.

Auch wir als Autorinnen sprechen (und schreiben) aus jeweils verschiedenen Perspektiven über den Spracherwerb und die Sprachförderung. Unser Anliegen war es daher, diesen verschiedenen Perspektiven auf LehrerInnensprache in einem Buch mit Umsetzungsbeispielen für die Praxis Ausdruck zu verleihen, um das eigene Sprechen und Zuhören und das Sprechen und Zuhören der Lernenden zu reflektieren und die jeweiligen situativen Handlungsmöglichkeiten für den inklusiven Unterricht zu erweitern.

Wichtig war es uns, in diesem Buch nicht zu vermitteln, wie die „richtige“ LehrerInnensprache aussieht, sondern Anstöße zur Reflexion des eigenen Sprachhandelns und des Sprachhandelns der SchülerInnen zu liefern und Sie, liebe LeserInnen, zu ermutigen, Ihr sprachliches, stimmliches und nonverbales Repertoire im Unterricht zu erweitern sowie die Möglichkeiten zur interprofessionellen Zusammenarbeit zu nutzen.

Abschließend möchten wir all jenen danken, die uns tatkräftig unterstützt haben: ein herzliches Dankeschön an Lea Fichtmüller und Fanny Riebicke für ihre kreative Erstellung von Praxismaterialien für den Downloadbereich. Lisa Federkeil, Franziska Heinschke, Fenja Lampe, Jana Pflughoft und Tabea Testa möchten wir für die kritische Durchsicht des Manuskripts und zahlreiche wertvolle Anregungen danken. Weiterhin möchten wir Eva Maria Reiling und Sarah Schröppel vom Ernst Reinhardt Verlag für ihre stets kompetente Betreuung des Buchprojektes sowie Mechthild Piel für die Lektorierung dieses Buches danken.

Last but not least sind wir auch dankbar für die Möglichkeit unserer Zusammenarbeit an diesem Buch, die unsere eigenen Perspektiven erweitert und Lust auf „Mehr“ gemacht hat.

Oldenburg, Hannover und Erfurt im Dezember 2020

Tanja Jungmann, Christiane Miosga und Sandra Neumann

1 Einleitung oder 10 Gründe, dieses Buch zu lesen

„Man kann nicht nicht kommunizieren" (Watzlawick et al. 1969, 53).

Das Ziel des vorliegenden Praxishandbuchs besteht darin, den Blick auf die multimodalen Aspekte der LehrerInnensprache und das eigene Gesprächshandeln im inklusiven Grundschulunterricht zu lenken. In heterogenen Lerngruppen sollten Unterrichtsgespräche mit einem hohen Maß an differenzierter Unterstützung durch die Lehrkraft geführt werden. Dabei ist die LehrerInnensprache ein wichtiges und zudem ständig verfügbares Werkzeug der sprachsensiblen und -förderlichen Unterrichtsgestaltung.

Grund 1: inklusive Ausrichtung

Der erste Grund, dieses Buch zu lesen, ist seine explizit inklusive Ausrichtung. Sprache und Sprechen können wirksame Mittel der Inklusion sein.

Grund 2: Reflexivität

Reflektiert eingesetzt ermöglichen sie Teilhabe durch Wertschätzung, Sprachsensibilität und -förderung. Das Gegenteil kann eintreten, wenn Lehrkräfte durch die eigene Kommunikationsweise unbewusst Lernende exkludieren. Insbesondere non- und paraverbale Aspekte werden als Teil der Persönlichkeit wahrgenommen und deshalb oft als unveränderbar angesehen (Kap. 3), obwohl sie dies nicht sind. In diesem Praxisbuch wird für unterschiedliche Kommunikationswirkungen eine Bewusstheit geschaffen (Kap. 2) und Möglichkeiten eines diversitätssensiblen Umgangs mit Sprache und Sprechen aufgezeigt (Kap. 4). Dabei geht es nicht um die Vermittlung der *richtigen* LehrerInnensprache, sondern um die stetige Reflexion des eigenen Sprach- und Gesprächshandelns sowie die Erweiterung des multimodalen Repertoires im Unterricht.

Grund 3: Unterrichtsinteraktion als Stellschraube

Unterrichtsinteraktionen sind eine zentrale Stellschraube für fachliches und sprachliches Lernen, die als solche genutzt und optimiert werden sollten (Kap. 4, 5). LehrerInnensprache und Gesprächsführung werden in diesem Buch als dialogisch, kognitiv aktivierend und emotional involvierend aufgefasst.

Grund 4: fachübergreifende Relevanz

Sprache ist dabei Medium und expliziter Gegenstand jedes Fachunterrichts (Kap. 5). Eine lernerfolgreiche Unterrichtspraxis lässt sich im Spannungsfeld zwischen hohen bzw. geringen fachinhaltlichen Anforderungen und hoher bzw. geringer gezielter (sprachlicher) Unterstützung modellieren. Daraus ergeben sich, wie zuerst von Mariani (1997) schematisch dargestellt, vier Zonen des Lehrens und Lernens, die Abb. 1 zeigt. Nur hohe individuelle Herausforderungen und ein hohes Maß an individueller Unterstützung ermöglichen es demnach, dass alle SchülerInnen in ihrer „Zone der nächsten Entwicklung" (Wygotsky 2014) lernen.

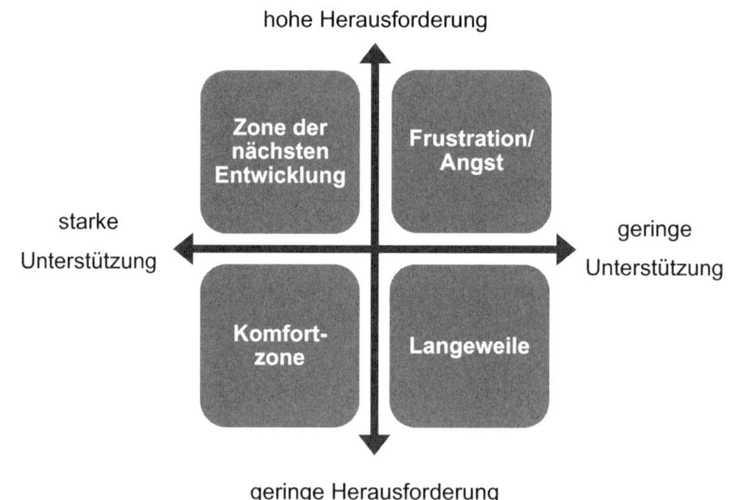

Abb. 1: Vier Zonen des Lehrens und Lernens (nach Mariani 1997)

Wie dies mit multimodalen sprachlichen Mitteln in verschiedenen Fächern der Grundschule gelingen kann, ist Gegenstand des vorliegenden Praxisbuches (Kap. 4 und 5).

Grund 5: Orientierung im Begriffsdschungel

In den vergangenen zehn Jahren hat sich im deutschen Sprachraum eine enorme begriffliche Vielfalt entwickelt. Diese reicht von Lehrersprache (Reber/Schönauer-Schneider 2018) über Teacherese (Stecher/Rauner 2019) oder schülergerichtete Sprache (SGS, Kleinschmidt 2015) bis hin zu lehrerseitige Gesprächsaktivitäten (Morek 2013). Das vorliegende Buch bietet eine Orientierung im Begriffsdschungel, indem die genutzten Begriffe durchgängig definiert, voneinander abgegrenzt und kritisch betrachtet werden (Kap. 2).

Grund 6: Multimodalität

Die unterschiedlichen Herangehensweisen und Begriffsverwendungen haben gemeinsam, dass sie auf die Verwendung multimodaler Kommunikationsmittel verweisen, die für die Gestaltung und Organisation dialogischer Lehr-/Lernprozesse notwendig sind. Das vorliegende Praxisbuch legt daher den Fokus auf ein multimodales Konzept von LehrerInnensprache, das verbale, nonverbale und paraverbale Aspekte umfasst und diese als Ressource für Lehr-/Lernprozesse betrachtet (Kap. 2, 5).

Grund 7: gezielte Sprachförderung

Neben Anregungen für die Gestaltung eines sprachsensiblen und -förderlichen Unterrichts (Kap. 4, Kap. 5.1-5.3) zeigt das vorliegende Praxisbuch auf, wie Lernende mit Schwierigkeiten auf den Ebenen der Aussprache, des Wortschatzes, der Grammatik oder der Pragmatik gezielt im Unterricht gefördert werden können (Kap. 5.4). Hierbei werden sprachtherapeutische Konzepte anhand von konkreten Beispielen und Materialien (Onlinematerial) für den Grundschulunterricht vorgestellt.

Grund 8: interdisziplinäre Zusammenführung

Dabei wird eine interdisziplinäre Perspektive eingenommen, indem Wissen zum Thema LehrerInnensprache und Gesprächsführung aus den Bereichen Entwicklungspsychologie bzw. (sonder-)pädagogische Psychologie, Deutsch als Zweitsprache (DaZ), Grundschuldidaktik, Sprachwissenschaft, Sprachheilpädagogik und Sprachtherapie zusammengeführt wird.

Grund 9: konkrete Praxisbeispiele

Basierend auf diesen interdisziplinär-wissenschaftlichen Grundlagen möchte das Praxisbuch vor allem durch zahlreiche konkrete Beispiele aus dem Fachunterricht zu einem reflektierten multimodalen Einsatz der LehrerInnensprache anregen.

Grund 10: Stärkung von Interprofessionalität

Durch ein fundiertes Anwendungswissen verschiedener Methoden wird die interprofessionelle Zusammenarbeit zwischen dem Bildungs- und dem Gesundheitsbereich im Alltag gestärkt. Lernende mit dem Förderschwerpunkt im Bereich Sprache und Kommunikation profitieren erheblich, wenn ihre (fachlichen) Bezugspersonen an einem Strang ziehen und der Transfer des in der Sprachtherapie neu Erlernten in den schulischen Alltag ermöglicht wird.

2 Sprachlich-kommunikative Unterrichtsgestaltung und Gesprächsführung

ZUSAMMENFASSUNG

In diesem Kapitel werden zunächst die Begrifflichkeiten rund um das Thema LehrerInnensprache und Gesprächsführung geklärt. Neben Aspekten der sprachlich-kommunikativen Professionalisierung werden die wesentlichen Grundlagen der Sprach- und Kommunikationsförderung im inklusiven Unterricht umrissen.

LehrerInnensprache und Gesprächsführung sind trotz ihrer Bedeutung eher selten Gegenstand der Aus- und Fortbildung der Lehrkräfte. Im Schulalltag selbst wird die Kommunikation zwischen Lernenden und Lehrkräften zumeist nur bei Diskussionsübungen und der Erarbeitung von Klassenregeln thematisiert oder auch in LehrerInnenkonferenzen und -gesprächen, hier häufig im Hinblick auf den Umgang mit schwierigen Gesprächssituationen und Unterrichtsstörungen (Kap. 4.3). Nach Fortbildungsanfragen zu urteilen, konzentriert sich das Interesse der Schulleitungen vorrangig auf Fragen effektiver und zielgerichteter Gesprächsführung. Dabei wird Unterricht zu mehr als zwei Dritteln durch das sprachlich-kommunikative Handeln der Lehrperson bestimmt (Eikenbusch 2013). Sprache gilt daher unbestritten als wesentliches Instrument in Erziehung, Bildung und Unterricht.

Erziehung, Bildung, Unterricht

In allen Fächern werden Unterrichtsinhalte sprachlich dargeboten und vermittelt. Wie Lehrkräfte sprechen, kommunizieren, interagieren und Gespräche führen, hat bedeutenden Einfluss darauf, wie sie wahrgenommen werden und welche (Lern-)Erfolge sie bei den SchülerInnen erzielen. Die Lehrkraft vermittelt über Sprache nicht nur Unterrichtsinhalte, sie stellt damit Aufmerksamkeit her, definiert Beziehungen zur Gruppe der Lernenden oder zu einzelnen SchülerInnen, sie regt zum Nachdenken und zum Austausch an, sie involviert und motiviert die Lernenden. Auch vermag sie durch ihre differenzierte Ansprache in der Zone der nächsten Entwicklung (Wygotsky 2014) zu fördern.

DEFINITION

Zone der nächsten Entwicklung

Die Zone der nächsten Entwicklung umfasst die Lernpotentiale eines Individuums, die zum Entwicklungsstand in der Zukunft führen. Die Lernpotentiale können in der Interaktion mit kompetenten InteraktionspartnerInnen oder durch gemeinsame aktive (z. B. spielerische) Auseinandersetzung mit der Umwelt entfaltet werden (Wygotsky 2014).

Sprache als professionelle Schlüsselkompetenz

Die Sprache von Lehrkräften ist das wichtigste Medium, um mit SchülerInnen zu kommunizieren und stellt eine professionelle Schlüsselkompetenz (Miosga 2014) dar. Über die Sprache der Lehrkraft wird implizit auch die Sprache der SchülerInnen beeinflusst. Einzelne SchülerInnen werden hierdurch in die Kommunikation einbezogen bzw. von ihr ausgegrenzt. LehrerInnensprache ist damit auch ein Mittel der Inklusion bzw. Exklusion (Miosga 2014).

DEFINITION

Begriff der Lehrersprache

Das unterstützende, sprachlich-kommunikative Handeln einer Lehrkraft im Unterricht wird zumeist als *Lehrersprache* bezeichnet.

Dabei handelt es sich allerdings um eine eher ungünstige Übersetzung des anglo-amerikanischen Terminus *teacher talk*. Während *teacher talk* alle Geschlechter und sowohl die Sprache als auch das Sprechen umfasst, bezieht sich der Begriff Lehrersprache streng genommen nur auf männliche Lehrkräfte und die sprachlichen, nicht aber die kommunikativen Aspekte.

DEFINITION

Daher wird in diesem Buch konsequent der Begriff *multimodale LehrerInnensprache* verwendet, um sowohl Lehrkräfte jeden Geschlechts als auch verbale, nonverbale und paraverbale Aspekte zu adressieren.

LehrerInnensprache in der Professionalisierung

Da Lehrkräfte durch die sensible multimodale Gestaltung und Reflexion den Bildungserfolg aller Kinder beeinflussen können (Kullmann et al. 2014), sollte multimodale LehrerInnensprache und Gesprächsführung stärker als bisher Gegenstand von Professionalisierung in allen Phasen der Lehrkräftebildung sein. Im Folgenden wird umrissen, welche Aspekte für eine solche Auseinandersetzung zentral sind und worauf besonders zu achten ist, um das eigene Sprachhandeln und die Gesprächsführung als Grundschullehrkraft weiterzuentwickeln.

2.1 Aspekte sprachlich-kommunikativer Professionalisierung

LehrerInnensprache und Gesprächsführung umfassen nicht nur die rein verbale Ebene, die vorrangig mit Sprache assoziiert wird, sondern auch weitere sprachliche Elemente wie paraverbale, nonverbale und extraverbale Mittel (Lüdtke / Stitzinger 2017).

DEFINITION

paraverbale Kommunikation

- Paraverbale Kommunikation umfasst das gesamte Spektrum der Prosodie und beschreibt damit rhythmische, dynamische und melodische Phänomene wie Tonhöhe (Stimmlage), Lautstärke, Akzent (Betonung einzelner Wörter oder Satzteile), das Sprechtempo und die Intonation (Sprechmelodie) (Plate 2015, 23).

DEFINITION

nonverbale Kommunikation

- Unter nonverbaler Kommunikation versteht man jede Form der Kommunikation, die nicht durch Worte erfolgt. Dazu gehören z. B. die Körperhaltung, Gestik, Mimik und der Augenkontakt (Plate 2015, 23).

DEFINITION

extraverbale Ebene

- Die extraverbale Ebene bezieht sich auf die Rahmenbedingungen der Kommunikation, also z. B. die Zeit, den Ort und die Kommunikationsbeziehung (Plate 2015, 23).

Die Kommunikation im Unterricht und der Unterrichtserfolg hängen nicht nur davon ab, WAS kommuniziert wird, sondern auch WIE kommuniziert wird.

multimodale Kommunikation

Den Beteiligten an einer Interaktion stehen die in Abb. 2 dargestellten Ausdrucksmittel zur Verfügung. Diese werden in der Regel nicht einzeln, sondern gemeinsam eingesetzt. Ihr Zusammenwirken in Kommunikationssituationen wird als multimodale Kommunikation bezeichnet.

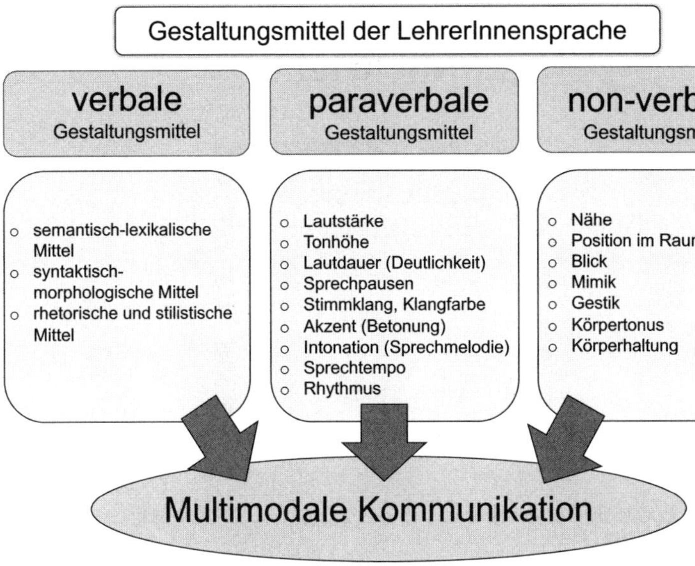

Abb. 2: Multimodale Kommunikation als Zusammenwirken von verbalen, prosodischen und nonverbalen Gestaltungsmitteln (nach Miosga 2006, 53)

Für die Auseinandersetzung mit der eigenen sprachlich-kommunikativen Unterrichtsgestaltung und Gesprächsführung sind die para- und nonverbalen Mittel besonders relevant. Da sie häufig unbewusst eingesetzt werden, können sie die sprachliche Äußerung unterstützen, abschwächen oder im Widerspruch dazu stehen.

Schulz von Thun (1981) hat dies in seinem Vier-Ohren-Modell, das in Abb. 3 dargestellt ist, verdeutlicht.

DEFINITION

Vier-Ohren-Modell

Im Vier-Ohren-Modell wird davon ausgegangen, dass beim Senden und Empfangen einer Nachricht immer die vier Ebenen Sachinhalt, Beziehung, Selbstkundgabe und Appell eine Rolle spielen (Schulz von Thun 1981).

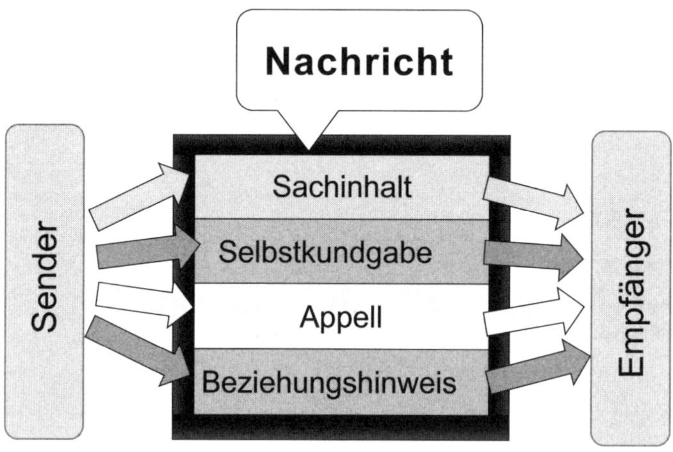

Abb. 3: Das Kommunikationsquadrat (nach Schulz von Thun o. J.)

Im Schulalltag bedeutet das, dass die Lernenden eine Äußerung der Lehrkraft neben der eigentlichen Sachebene entweder als Appell, als Ausdruck der Lehrkraft-SchülerIn-Beziehung oder als Selbstkundgabe der Lehrkraft interpretieren können (Kap. 3.1).

BEISPIEL

Max kommt zu spät zum Unterricht. Die Lehrkraft sagt: „Es ist schon 8.15 Uhr“. Wird die Äußerung mit lauter Stimme, aufrechter Körperhaltung und Blickrichtung zu Max getätigt, könnte er dies als Appell interpretieren, in Zukunft pünktlich zu sein. Er könnte es ebenfalls als Verdeutlichung der asymmetrischen Lehrkraft-SchülerIn-Beziehung verstehen, die Lehrkraft tritt ihm gegenüber als Autoritätsperson auf. Auf der Selbstkundgabeebene wird deutlich, dass die Verspätung von Max bei der Lehrkraft Emotionen hervorruft. Am Tonfall wird erkennbar, dass sie sich über die Verspätung ärgert. Wird die Äußerung mit zitternder Stimme, gesenktem Blick und einer abgewandten Körperorientierung gestaltet, könnte Max z. B. auf dem Selbstkundgabeohr hören, dass die Lehrkraft überfordert oder enttäuscht ist im Sinne von „Ich habe meine Schüler nicht unter Kontrolle“.

Indem man sich die Funktionen der multimodalen Kommunikation bewusst macht, lassen sich nicht nur kommunikative Missverständnisse vermeiden, sondern auch Lernprozesse der SchülerInnen besser unterstützen und Interaktionen im Klassenzimmer gestalten (Kap. 2.1 und 2.2).

DEFINITION

interaktionale Unterrichtskompetenz

Der bewusste Einsatz der LehrerInnensprache ist somit eine interaktionale Kompetenz. Der Begriff der interaktionalen Unterrichtskompetenz (Walsh 2011) bezeichnet die Fähigkeit von Lehrkräften, Interaktion als Werkzeug zur Vermittlung und Unterstützung des Lernens zu begreifen. Dazu gehören z.B. die pragmatisch-kommunikativen Kompetenzen der Organisation des Sprecherwechsels, der Themenentwicklung und der Bewertung von Äußerungen oder Handlungen.

2.2 Sprach- und Kommunikationsförderung im inklusiven Unterricht

Herstellung von Gemeinsamkeit

Ein wesentliches Prinzip inklusiver Didaktik ist neben der Individualisierung von Lernzielen und -wegen die Herstellung von Gemeinsamkeit unter den Lernenden. Diese kann zum einen durch den Einsatz kooperativer Lernformen, zum anderen durch eine involvierende multimodale LehrerInnensprache gefördert werden (Scheidt 2017).

involvierende Gesprächsführung

Sich selbst und andere zu involvieren, gelingt besonders durch den Einsatz multimodaler Mittel, wie eine abwechslungsreiche Sprechgestaltung und den Einsatz von Mimik und Gestik. Die Reflexion des unbewussten Einsatzes der multimodalen Mittel ermöglicht auch das Erkennen unbewusster Ausgrenzung.

BEISPIEL

Einzelne SchülerInnen am linken Gruppentisch geben der Lehrkraft nonverbal positive Rückmeldung, indem sie immer wieder bestätigend mit dem Kopf nicken. Infolgedessen wird sich die Lehrkraft unbewusst häufiger links im Klassenraum positionieren bzw. ihren Körper nach links ausrichten. Damit grenzt sie ungewollt die SchülerInnen im rechten Teil des Klassenraums aus.

Ist die Lehrkraft sensibel für die multimodale Interaktion im Klassenzimmer, kann sie auch unter den SchülerInnen Gemeinsamkeit und das Lernen am gemeinsamen Gegenstand unterstützen.

BEISPIEL

Herr Müller beobachtet seine SchülerInnen bei einer Gruppenarbeit. Er stellt fest, dass alle SchülerInnen sich in einigen Gruppen körperlich auf die Tischmitte ausrichten und untereinander Blickkontakt herstellen. Sie fokussieren einen gemeinsamen Lerngegenstand. Bei einer anderen Gruppe beobachtet er, dass einzelne SchülerInnen sich eher abgewandt orientieren und damit ausgegrenzt werden oder sich selbst ausgrenzen (z.B. arbeiten Jungen und Mädchen getrennt an einem Lerngegenstand; ein Schüler isoliert sich von der Gruppe und arbeitet allein). Durch die sensible Wahrnehmung der multimodalen Interaktion kann eine gemeinsame Ausrichtung initiiert werden, indem Herr Müller z.B. den Arbeitsauftrag oder die Arbeitsform abändert.

Gestaltungsmittel einer involvierenden multimodalen LehrerInnensprache sind z.B. illustrative Elemente wie expressive Verben, direkte Rede, Adverbien, Adjektive, Gesten und Mimik sowie Variationen der Prosodie (Tonhöhe, Sprechtempo und Lautstärke). Wichtig ist die Identifikation mit dem Inhalt einer Äußerung und den verwendeten Materialien.

Individualisierung und Differenzierung

Wie die Abb. 4 zeigt, ist neben der Herstellung von Gemeinsamkeit gleichzeitig die Individualisierung und Adaptivität von Lernwegen und -zielen Merkmal inklusiver Didaktik.

Gemeinsamkeit herstellen	Individualisieren
Involviertheit: o Gemeinsame Aufmerksamkeit o Erleben gemeinsamer innerer Bilder	**Partnerorientierung:** o Lehrerseitige Zuhörerreaktion **Aktivierung/Strukturierung:** o Kognitive, emotionale, diskursive und sprachlich-kommunikative Anregung

Abb. 4: Spannungsfeld zwischen dem Herstellen von Gemeinsamkeit und Individualisierung (Miosga 2019)

Indem die Lehrkraft die Ansprache für verschiedene Unterrichtssituationen und für einzelne Lernende multimodal variiert, kann sie ihre Aufmerksamkeit erreichen, sie kognitiv und sprachlich aktivieren und unterstützen. Unterrichtssituationen können z. B. sprachlich-kommunikativ durch die Register Alltagssprache sowie Bildungs- und Fachsprache differenziert werden (Abb. 5).

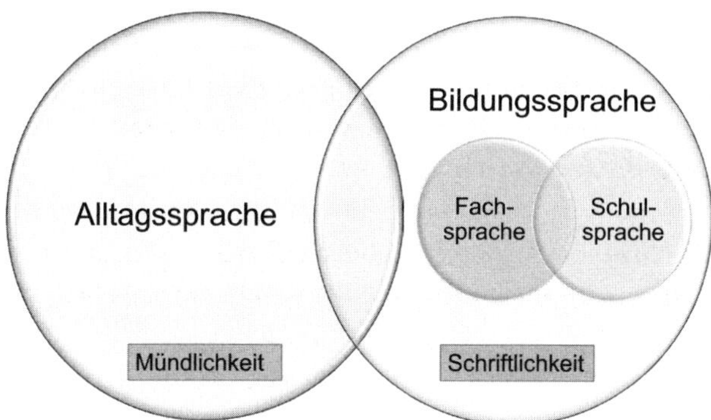

Abb. 5: Zusammenhang von Alltagssprache und Bildungssprache

DEFINITION

Alltagssprache

Alltagssprache ist die Sprache, die in Diskursen der alltäglichen Lebenspraxis gesprochen und zur unproblematischen Verständigung bei geteiltem Hintergrundwissen jederzeit verwendet werden kann. Alltagssprache ist charakteristisch für den Umgang mit vertrauten Personen. Regionale oder soziale Besonderheiten (Jugendsprache, regionale Dialekte) bilden Varietäten der Alltagssprache (Hoffmann 2019).

DEFINITION

Bildungssprache

Bildungssprache ist bedeutsam für die Vermittlung und den Erwerb von Wissen in einer durch Schriftlichkeit geprägten Gesellschaft. Sie eröffnet den Zugang zu beruflichen Möglichkeiten und Chancen, vermittelt zwischen Alltagssprache, spezielleren Wissensgebieten und der Wissenschaft. Die Beherrschung der Bildungssprache ist Teil des *kulturellen Kapitals* und somit eine zentrale Bedingung für gesellschaftliche Teilhabe (Partizipation) (Gogolin/Lange 2011).

DEFINITION

Schulsprache

Schulsprache ist die durch Schule hervorgebrachte und für schulische Zwecke eingesetzte Sprache (z.B. die Erörterung). Neben der Qualifikations- und Sozialisationsfunktion kommt Schule auch eine Selektionsfunktion zu. Die Festsetzung sprachlicher Normen und Standards entscheidet über die Verteilung von Chancen auf Schulerfolg (Feilke 2012).

DEFINITION

Fachsprache

Fachsprache wird von einer SprecherInnengruppe verwendet, die über gemeinsames/geteiltes Fachwissen verfügt. Fachsprachen haben häufig einen spezifischen Wortschatz, der die genaue Bezeichnung von Gegenständen oder Vorgängen ermöglicht. Einige Fachausdrücke gehören bereits zur Allgemeinbildung (z.B. Blutdruckmessgerät), andere sind nur bestimmten Berufsgruppen oder Fachkreisen bekannt (Feilke 2012).

Je weiter sich der Unterricht in Fächer bzw. Fächergruppen ausdifferenziert, umso mehr wird das Register Bildungssprache verwendet und gefordert.

Bildungssprache als Norm

Auf normativer Ebene wird mit dem Terminus Bildungssprache das Register bezeichnet, dessen Beherrschung von erfolgreichen SchülerInnen implizit erwartet wird. Dies kann insbesondere für jene Lernenden verhängnisvoll sein, welche die sprachlichen Anforderungen im Bildungsprozess aufgrund geringer Deutschkenntnisse nicht ohne weiteres erfüllen können (Gogolin/Lange 2011).

Durch die bewusste Differenzierung von Unterricht nach sprachlichen Registern können bildungssprachliche Praktiken in den Unterricht eingebunden und lernförderliche Partizipationsgelegenheiten geschaffen werden.

TIPP

Im Unterricht sollten sprachliche Mittel sehr bewusst von der Lehrkraft verwendet werden. Dafür ist zunächst nur ein für die jeweilige Unterrichtssituation angemessenes sprachliches Register zu wählen. So bietet sich beispielsweise das informell umgangssprachliche Register an, wenn die Lernorganisation oder Klassenregeln ausgehandelt werden. Geht es z.B. darum, Lernwege zu erklären oder Bedeutungen auszuhandeln, wird das stärker formale schulsprachliche Register gewählt. Das fachsprachliche Register ist zu bevorzugen, wenn Fachterminologien und fachspezifische Wendungen (z.B. „Kraft auf … ausüben“) eingeführt werden.

DEFINITION

Mit dem Begriff des monolingualen Habitus wird die Ausrichtung auf Einsprachigkeit in bildungspolitischen, curricularen und didaktischen Konzepten bezeichnet.

monolingualer Habitus

Dies lässt Zweit- und Fremdsprachigkeit als Problem, nicht als Chance erscheinen. Oftmals liegt die Annahme zugrunde, dass Sprache und Identität sich nur in Reinnatur und von anderen Sprachen und Kulturen strikt getrennt einander zuordnen lassen. Eine auf Monolingualität ausgerichtete Bildungspolitik setzt unhinterfragt zielsprachliche Normen. Damit ignoriert sie Potentiale von Mehrsprachigkeit, schränkt den Erwerb und die Förderung von Sprachen und Sprachvarietäten ein und führt auch zur Entfremdung mehrsprachiger SprecherInnen von ihrer Familiensprache (Gogolin 2003).

Diese Grundhaltung ignoriert die Realität der Mehrsprachigkeit und kultureller Diversität in deutschen Grundschulen und führt dazu, dass die besondere sprachlich-kommunikative Situation von Lernenden mit Migrationshintergrund unberücksichtigt bleibt. Lehrkräfte neigen z. B. dazu, den Sprechstil ihrer SchülerInnen auf der Grundlage ihres eigenen mittelschichtsorientierten Habitus zu beurteilen (u. a. lautes Sprechen = aggressiv) (Miosga 2014).

Somit kann eine unreflektierte multimodale Interaktionsgestaltung durch die Lehrkraft unbewusst zu einer Zurückweisung und Isolation einzelner SchülerInnen beitragen.

Eine partnerorientierte Gesprächsführung im Unterricht zeichnet sich dadurch aus, dass die Lehrkraft

partnerorientierte Gesprächsführung

- empathisch zuhört (erkennbar an der Körperhaltung und dem Blickkontakt),
- nichts nebenbei erledigt,
- sich in die Erlebnis- und Gedankenwelt der SchülerInnen hineinversetzt,
- verbale und nonverbale Impulse gibt, um ein Gespräch in Gang zu bringen und zu halten, d.h. nicht nur W-Fragen zu stellen, sondern auch offene Impulse zu setzen, die den SchülerInnen Möglichkeiten zu unterschiedlichen Antworten lassen,
- geduldig abwartet, um genügend Spielraum für die Äußerungen der Lernenden zu geben,
- auf die Einhaltung der gemeinsam erarbeiteten Gesprächsregeln achtet und SchülerInnen dahin führt, dass sie selbstständig Verantwortung dafür übernehmen (Kap. 4.3),
- eine Fragekultur entwickelt (beginnt bereits im 1. Schuljahr, z.B. im Morgenkreis),

- für ausreichende Wiederholungen sorgt; sich regelmäßig rückversichert, ob alle alles verstanden haben; zusammenfasst und Wesentliches hervorhebt,
- neben kognitiven auch emotionale und soziale Lernziele verfolgt.

Eine partnerorientierte multimodale Gesprächsführung und Wahrnehmung von SchülerInnen kann gelingen, wenn die Lehrkraft sich durch Blickkontakt, Gestik und Sprechpausen immer wieder der Zuhörerreaktion vergewissert, sich in ihrem multimodalen Antwortverhalten durch Perspektivwechsel und empathisches Einfühlen auf einzelne SchülerInnen abstimmt, z. B. zur Modulation von psycho-physischer Spannung oder durch körperliche Zugewandtheit, mit nonverbalen prompten Reaktionen auf Signale des SprecherInnenwechsels antwortet sowie sprachlich-kommunikativ Bezüge zur Lebenswelt einzelner SchülerInnen herstellt und an Vorkenntnisse anknüpft.

Wenn Lernende einen konkreten Bezug zu ihrer Lebenswelt herstellen können, erschließt sich ihnen der persönliche Nutzen und sie sind motiviert, ihr Wissen zu erweitern (Leuders et al. 2011).

Bewusste partnerorientierte Abstimmungsprozesse werden auch als professionelle Responsivität (Gutknecht 2012) bezeichnet.

DEFINITION

professionelle Responsivität

Professionelle Responsivität meint die Fähigkeit, sich in unterschiedlichsten Beziehungskontexten responsiv und damit abgestimmt auf andere zu verhalten. Im Kontext Schule umfasst sie die reflexive Interaktion der Lehrkraft mit einzelnen SchülerInnen, der Lernendengruppe, den Erziehungsberechtigten sowie dem Kollegium, den Vorgesetzten und den NetzwerkpartnerInnen (Gutknecht 2010, 27).

DEFINITION

Teacherese

Unter Teacherese versteht man die bewusste Art und Weise der Lehrkraft, Sprache zu gebrauchen und zu sprechen, um sich an die individuell verschiedenen sprachlichen Gegebenheiten der SchülerInnen anzupassen.

Um diese bewusste Art und Weise des Sprachgebrauchs sowie der Kommunikation zu fördern, ist eine reflexive Auseinandersetzung mit den multimodalen Gestaltungsmöglichkeiten notwendig. Dazu gehört auch – im nächsten Schritt – die eigene Auffassung von LehrerInnensprache und Gesprächsführung zu hinterfragen und auf den Prüfstand zu stellen.

3 Drei Perspektiven auf LehrerInnensprache

ZUSAMMENFASSUNG

In diesem Kapitel wird der Frage nachgegangen, inwiefern LehrerInnensprache und Gesprächsführungskompetenzen im Studium, im Referendariat und in (berufsbegleitenden) Fort- und Weiterbildungen vermittelt werden können. Dabei werden drei verschiedene Perspektiven auf LehrerInnensprache eingenommen, die unterschiedliche Antworten auf diese Frage geben. Abschließend werden Möglichkeiten der gezielten und bewussten Auseinandersetzung mit dem eigenen Sprach- und Sprechhandeln aufgezeigt.

Ein Ziel von Unterricht ist die Förderung der Sprach- und Kommunikationskompetenz der SchülerInnen, wobei diese gleichzeitig schon als Voraussetzung des Lernens betrachtet werden.

Sprachliches Handeln ist somit sowohl zentrales didaktisches Mittel des Unterrichtens als auch Unterrichtsmedium und -gegenstand.

Kommunikative Fähigkeiten spiegeln die innere Haltung und die didaktische Kompetenz der Lehrkräfte wider. Zudem ist die Art und Weise zu sprechen und zuzuhören ein Indikator professioneller Kompetenz. Lehrende sind – besonders mit Blick auf die individuelle Sprachförderung – wichtiges Vorbild und Modell für ihre SchülerInnen. Allerdings findet in der Lehramtsausbildung zu wenig Beachtung, dass (angehende) Lehrkräfte nur mit reflektierten und vielfältigen kommunikativen Fähigkeiten eine authentische und überzeugende LehrerInnenpersönlichkeit ausbilden und damit die Grundlage für Lehren und Lernen schaffen (Anselm/Werani 2017).

3.1 LehrerInnensprache als Ausdruck und Ergebnis der Persönlichkeit

Die Erforschung der Persönlichkeit beschäftigt sich mit der Frage, welche Merkmale ein Individuum einzigartig machen. Dabei wird angenommen, dass zur Persönlichkeit eine Reihe von Merkmalen gehören, die sich im Verhalten, im Handeln und im Gefühlsleben ausdrücken.

Persönlichkeit

Unter dem Persönlichkeitsbegriff werden die für ein Individuum charakteristischen Denk- und Verhaltensmuster zusammengefasst. Es wird von deren Beständigkeit ausgegangen, d. h. ein und dasselbe Individuum verhält sich in unterschiedlichen Situationen ähnlich (Myers 2012).

DEFINITION

In Anlehnung daran ist die LehrerInnenpersönlichkeit definiert als „das Ensemble relativ stabiler Dispositionen, die für das Handeln, den Erfolg und das Befinden im Lehrerberuf bedeutsam sind" (Mayr/Neuweg 2006, 183).

personaler Sprechstil

Der Begriff des personalen Sprechstils umfasst sowohl eine psychologische als auch eine soziologische Dimension. Der personale Sprechstil ist das Mittel, um psychologisch betrachtet auf sich selbst sowie soziologisch betrachtet auf andere einzuwirken (Kap. 3.3). Er differenziert sich im Spracherwerb mit der Entwicklung der kommunikativen Kompetenz aus. Durch früheste Erfahrungen geprägte Handlungs-, Denk- und Wahrnehmungsschemata sind implizit in den aktuellen Sprech- und Hörmustern enthalten. Dabei ist davon auszugehen, dass die Art und Weise zu sprechen, ebenso wie zu essen, zu gehen etc. als körperliche Tätigkeiten unbewusst im Mithandeln erworben und angewendet werden.

SchülerInnen-Lehrkraft-Beziehung

Der personale Sprechstil gibt nicht nur Auskunft über die Persönlichkeit der Lehrkraft, sondern auch über ihr Verhältnis zu den SchülerInnen (Eikenbusch 2013, 7). Auf der Appell- und Beziehungsebene des Vier-Ohren-Modells (Kap. 2) wird daher auch das Verhältnis der Lehrkraft zur Schülerschaft definiert, das im Spannungsfeld „Nähe/Distanz" und „gleich/ungleich" liegen kann.

ZUSAMMENFASSUNG

Aufgrund des Sprechstils entsteht häufig ein eindimensionales, holzschnittartiges Bild der LehrerInnenpersönlichkeit. Dies schafft aber auch Berechenbarkeit und damit Sicherheit in den Beziehungen zu SchülerInnen, Eltern und KollegInnen.

3.2 LehrerInnensprache als trainierbare Kompetenz

Seit der Veröffentlichung der Hattie-Studie (Hattie 2013) wird ein stärkerer Fokus auf die veränderbaren Fähigkeiten gelegt, die im Rahmen des universitären Lehramtsstudiums, im Vorbereitungsdienst und im Beruf erlernt und kontinuierlich verbessert werden können (Kunina-Habenicht et al. 2015).

Kompetenz

Zur Bezeichnung veränderbarer Fähigkeiten hat sich im deutschsprachigen Raum der Kompetenzbegriff etabliert.

Darunter versteht man „die bei Individuen verfügbaren oder durch sie erlernbaren kognitiven Fähigkeiten und Fertigkeiten, um bestimmte Probleme zu lösen, sowie die damit verbundenen motivationalen, volitionalen und sozialen Bereitschaften und Fähigkeiten, um die Problemlösungen in variablen Situationen erfolgreich und verantwortungsvoll nutzen zu können" (Weinert 2001, 27).

Im kompetenzorientierten Ansatz (Baumert/Kunter 2006) werden verschiedene Kompetenzaspekte unterschieden, z.B. Wissen, Überzeugungen und Motivation.

Wissen

Professionswissen ist spezifisches Wissen der Mitglieder einer Berufsgruppe. Es wird im Rahmen der Berufsausbildung vermittelt und kann durch die Berufsausübung vertieft werden. Bezogen auf den LehrerInnenberuf werden fachliches, fachdidaktisches, entwicklungspsycholgisches und pädagogisches Grundwissen unterschieden (Shulman 1986). Bezogen auf die LehrerInnensprache umfasst dies das Wissen über die Mittel und den Einsatz von LehrerInnensprache und Gesprächsführung als *Handwerkszeug* (Kap. 5.1). Das Wissen über typische, auch sprachlich begründete Verständnisschwierigkeiten von Lernenden, Kenntnisse der unterschiedlichen Erklärungsmöglichkeiten sowie verschiedene Ansätze der lehrkraftseitigen Gesprächsaktivitäten zur Sprachförderung gehören ebenfalls dazu (Kap. 5.2).

TIPP.

Im Unterricht gibt es bestimmte Standardsituationen, die nach bestimmten Grundstrukturen ablaufen und die daher unabhängig von Einstellungen oder Persönlichkeit trainierbar sind.

Vor allem zwei Bereiche stehen häufig im Mittelpunkt von Trainings des Gesprächsführungshandwerks: Zum einen die Anleitung von Lernprozessen, zum anderen die Beurteilung von Lernergebnissen der Lernenden. Hier haben die Formen, der Aufbau, die Schritte und die Elemente des Unterrichtsgesprächs eine didaktische Funktion (Eikenbusch 2013).

Erfolgreich kann die Professionalisierung im Bereich Gesprächsführung nur dann sein, wenn die LehrerInnensprache an spezifische Unterrichtssituationen angepasst werden kann und nicht im Widerspruch zur Persönlichkeit der Lehrkraft steht. Zudem sollte es in der Schule Möglichkeiten zur Auseinandersetzung mit und Anwendung von Gesprächsführungskompetenzen geben. Bisher als positiv empfundene andere Formen sollten weiterhin genutzt werden können.

Überzeugungen

Überzeugungen beinhalten individuelle Vorstellungen und Annahmen von Lehrkräften mit einer bewertenden Komponente (Fives/Buehl 2012). Sie können sich auf verschiedene Aspekte des LehrerInnenberufs beziehen (Kunter/Pohlmann 2009), beispielsweise auf

- das Selbst der Lehrkraft (z.B. Überzeugungen von eigenen Fähigkeiten),
- den Lehr-Lern-Kontext (z.B. Überzeugungen von Unterrichtsansätzen, spezifischen Unterrichtsmethoden oder einzelnen SchülerInnen),
- das Bildungssystem (z.B. Überzeugungen von konkreten Reformen, Überzeugungen von Bildungsstandards),
- die Gesellschaft (z.B. bildungs- und schulbezogene kulturelle Normen und Werte).

Überzeugungen haben einen Einfluss darauf, wie Lehrkräfte mit SchülerInnen und KollegInnen kommunizieren, ihren Unterricht planen und durchführen sowie Reformen umsetzen (Fives/Buehl 2012). Die Überzeugungen von Lehrkräften können darüber hinaus beeinflussen, wie sich SchülerInnen verhalten bzw. welche Leistungen sie zeigen (Ludwig 2010). Insbesondere bei bestimmten SchülerInnengruppen sind negative Erwartungseffekte wahrscheinlich, z.B. bei Lernenden mit niedrigem sozio-ökonomischen Status oder aus ethnischen Minderheiten (Jussim/Harber 2005). Überzeugungen spiegeln sich auch in der multimodalen LehrerInnensprache wider, durch die einzelne SchülerInnen und SchülerInnengruppen implizit oder explizit einbezogen, ausgegrenzt, gefördert, gefordert oder unterstützt werden können.

Motivation

Im Rahmen des Persönlichkeitsansatzes wird davon ausgegangen, dass es vor allem die stabilen Motive sind, die das Handeln von Lehrkräften bestimmen. Im Unterschied dazu wird Motivation im Rahmen des Kompetenzansatzes als mehrdimensional und veränderbar angesehen. So können Lehrkräfte z. B. ganz unterschiedliche Ausprägungen im Hinblick auf ihre Selbstwirksamkeit, ihre intrinsischen Orientierungen oder Zielvorstellungen aufweisen. Studien belegen, dass sich die eigenen Erfolge bzw. Misserfolge im Unterricht auf die Selbstwirksamkeit auswirken und dass Merkmale der Schulumgebung wie z. B. die dort zugestandene Autonomie die intrinsische Motivation positiv beeinflussen (Kunter/Holzberger 2014).

DEFINITION

Motivationale Unterschiede führen zu Unterschieden in der Unterrichtsqualität, dem Beanspruchungserleben oder dem Engagement in Fortbildungen (Richardson et al. 2014).

ZUSAMMENFASSUNG

Je mehr Lehrkräfte über Unterricht und die Möglichkeiten, Unterrichtsgespräche zu gestalten, wissen, desto besser gelingt dieser. Die Vorstellung vom Lehrenden in der Führungs(sprech)rolle wird abgelöst von der Vorstellung der Lernbegleiterin bzw. des Lernbegleiters und der Dialogpartnerin bzw. des Dialogpartners, die/der sich im Lehr-Lernkontext zurücknimmt, wenn sich die Lernenden dem Erreichen des Lernziels nähern. Am Gelingen des Lernens und des Unterrichtsgesprächs sind somit – im Sinne konstruktivistischer Auffassungen – Lehrperson und Lernende gleichermaßen beteiligt. Lehrpersonen initiieren und motivieren zwar Lehr- und Lernprozesse sprachlich-kommunikativ, sind jedoch auf die motivierte Mitarbeit und die Mitsprache der Lernenden angewiesen.

3.3 LehrerInnensprache als soziales Handeln

In den bisherigen Ausführungen hat sich bereits angedeutet, dass Gesprächsführung und LehrerInnensprache immer auch Ausdruck bzw. Teil des sozialen Handelns in der Klasse sind. Sie zielen auf selbstbestimmtes Lernen und eine selbstbestimmte Entwicklung der SchülerInnen ab, spielen eine bedeutsame Rolle in Vermittlungs- und Lernprozessen und berücksichtigen dabei auch die individuelle Lebens- und Lernsituation (Weidner/Kilb 2011).

Der personale Sprechstil im Lehr-Lernkontext ist sowohl von der Persönlichkeit der Lehrenden geprägt als auch von der Situation.

DEFINITION

Varietät

Mit dem Begriff der Varietät werden verschiedene Sprachgebrauchsformen bezeichnet, die sich jeweils als Summe spezifischer sprachlicher Charakteristika beschreiben lassen.

Diese Charakteristika können auf allen sprachlichen Ebenen angesiedelt sein. Zumeist handelt es sich um phonologisch-phonetische Eigenschaften (Dialekt), aber auch um regionale Wortschatzbesonderheiten und morphologisch-syntaktische Eigenschaften (Linke et al. 2004).

DEFINITION

Sprachregister

Als Sprachregister werden spezifische Formen kommunikativen Sprachhandelns bezeichnet, die in Abhängigkeit von der Situation (Ort, Zeit, Umstände, anwesende KommunikationspartnerInnen) gewählt werden.

Die an das Baby gerichtete Ammensprache (baby talk) der Bezugsperson ist durch prosodische Merkmale wie eine hohe Tonlage der Sprechstimme und variantenreiche Modulation gekennzeichnet. Dieses Sprachregister wird von Babys präferiert und die Gefühle, die mitschwingen, sind wichtig für die kindliche Sozialisation (Jungmann/Albers 2013).

zentrale Elemente der Gesprächsführung

Nach Eikenbusch (2013) sind zentrale Elemente der Gesprächsführung als soziales Handeln bei Lehrkräften u. a.

- die bewusste Wahrnehmung des erzieherischen Auftrags,
- die Sorge für Struktur und Angemessenheit der Interaktionen im Unterricht (u. a. Zuhören, Zeit geben, Beiträge aufgreifen, Rückmeldung geben, Strukturieren, Ergebnisse sichern),
- die Verantwortung für eine von Professionalität geprägte SchülerInnen-LehrerInnen-Beziehung (z. B. Rollen- und Auftragsklarheit),
- die Einhaltung der Intention und Ziele von Unterricht und die Sicherstellung von darauf bezogenen entwickelnden Rückmeldungen (Kliebisch/Meloefski 2013),
- die Gewährleistung eines motivierenden und akzeptierenden Rahmens für Lernanstrengungen (Wehrmann 2013),

- die Ermöglichung von Mitwirkung, Beteiligung und Lernchancen für alle SchülerInnen (Klassen-Inklusion),
- die Vermittlung eines Gefühls von Wertschätzung (Wehrmann 2013).

ZUSAMMENFASSUNG

Kommunikative Kompetenz erfordert ein vielfältiges Repertoire, damit verschiedene Situationskontexte bewältigt werden können.

3.4 Analyse der Kommunikations- und Interaktionsstrukturen – Der Königsweg zur Veränderung?

Für sich genommen liefert jede der drei skizzierten Perspektiven auf die LehrerInnensprache wichtige Erkenntnisse für deren Analyse und Weiterentwicklung. Aber nur in der Zusammenschau gelingt es, alle wichtigen Aspekte zu berücksichtigen und verschiedene Verfahren sowie ihre Chancen und Grenzen zu reflektieren.

Mit anderen Worten: Wer als Lehrkraft seine Sprache im Unterricht professionell, also begründet, der Situation angemessen und mit entsprechender Wirkung einsetzen will, der muss sein eigenes Sprachhandeln unter diesen drei Perspektiven immer wieder auf den Prüfstand stellen (Eikenbusch 2013).

prozessorientierte Professionalisierung

Im Zentrum der prozessorientierten Professionalisierung steht die kontinuierliche Veränderung des personalen Sprechstils und damit die Einwirkung auf den Habitus. In unterschiedlichen Situationen sollen die Lehrenden mit neuen Sprechstilen experimentieren, ohne dabei ihre Authentizität aufzugeben. Dabei erfolgt zuvorderst eine Orientierung an der jeweiligen Situation. Ziel ist die Aufhellung des *blinden Flecks*, in dem Verhaltensmuster und Einstellungen liegen, die von einem selbst nicht bemerkt, von anderen aber sehr deutlich wahrgenommen werden.

Es existiert nicht zwangsläufig ein Bewusstsein dafür, wie der Blickkontakt oder der eigene Gesichtsausdruck auf andere wirken. Auch der Höreindruck der eigenen Stimme und das Spiegelbild entsprechen oft nicht der Wirkung auf andere.

Im Hinblick auf Veränderungsmöglichkeiten verweist Miosga (2011) auf das Prinzip der zweifachen Reflexion, das wiederum auf Bourdieu (2015) zurückzuführen ist.

Prinzip der zweifachen Reflexion

Die Bewusstmachung des Sprechstils, beispielsweise durch die Analyse und Reflexion von Videoaufzeichnungen, und seine Interpretation im kommunikativen Umfeld lenken die Aufmerksamkeit auf die automatisierten Muster. Dadurch wird eine andere Bewusstseinsebene erreicht. Das Ergebnis dieser Reflexion ist die Kenntnis des habituellen Sprechstils und seiner Wirkung auf die jeweiligen KommunikationspartnerInnen in bestimmten Situationen. Auf einer zweiten Reflexionsebene kann die Entscheidung entstehen, das eigene Verhalten situationsspezifisch und bewusst zu gestalten. Ziel der zweifachen Reflexion ist es, über früh gelernte habituelle Beziehungsmuster und damit verbundene Sprechbewegungs- und Wahrnehmungsschemata flexibler verfügen zu können.

Selbst- und Fremdbeobachtung

Im Idealfall ermöglicht dies die Entwicklung eigener Vorstellungen davon, welche Wirkung der eigene Ausdruck auf andere hat. Diese Intention gilt es zu stützen und den angestrebten Lernprozess durch geeignete Verfahrensweisen, wie die Fremdbetrachtung, zu begleiten. Dazu bedarf es eines ganzheitlichen, vertrauensvollen Prozesses, beispielsweise im Rahmen von Fallanalysen, der kollegialen Intervision (Kutting 2013) oder des Peer-Coachings (Anselm/Werani 2017). Dazu müssen zunächst die im Kap. 2 grundlegend erläuterten Begriffe der Sprechstilanalyse auf verbaler, paraverbaler und nonverbaler Ebene mittels Anschauungen fundiert werden. Wichtig ist dabei, nicht die eigenen Vorstellungen als FremdbetrachterIn/CoachIn anzulegen, sondern in der Beobachtungsrolle als eine Art Spiegel für den Sprechenden zu fungieren bzw. ihn mittels empathischer Prozesse darin zu unterstützen, den eigenen Weg zu finden. Im Sinne des sinnstiftenden Lernens gilt es, die Lernenden zum Lernen zu befähigen. Ziel ist es bei den Peer-Coaching-Prozessen, die Begleitung zur Selbständigkeit in eigener Regie zu ermöglichen.

Beobachtungsbögen

Einen Zugang zur Beschreibung und Interpretation des eigenen Sprechstils bieten Beobachtungsbögen, die Beschreibung und Interpretation trennen.

Beobachtungsbogen zur Beschreibung und Interpretation des personalen Sprechstils

Sprecher/In: ______________________________

Kontext: ______________________________

Parameter	Interpretation
Lautstärke Level laut leise Lautstärkewechsel	
Tonhöhe Stimmlage hoch tief MSL* Variation breit schmal	
Lautdauer Deutlichkeitsniveau undeutlich deutlich überdeutlich Deutlichkeitswechsel	
Sprechpausen Häufigkeit selten, kurz Dauer häufig, lang Aktivität gefüllt/ spannungsvoll leer/ spannungslos	
Stimmqualität Stimmklang klar knarrend behaucht geflüstert rauh gepresst zitternd Klangfarbe hell - dunkel knödelnd, eng nasal klangvoll - klangarm Register Brustregister Kopfregister Registerwechsel	
Akzent Akzentstärke unbetont schwach betont betont stark betont überbetont Häufigkeit Akzentart melodisch dynamisch temporal Verteilung/ Position	
Intonation Tonsprünge Stimmlagenwechsel Kadenz gleichbleibend fallend steigend	

Parameter	Interpretation
globale Kontur monoton isoton variabel	
Sprechtempo Grundtempo schnell langsam Tempovariation	
Rhythmus Rhythmusmuster Rhythmische Kontinuität Akzentverdichtung Sprechunflüssigkeit	
Nonverbale Parameter Nähe Orientierung Blickkontakt Mimik Körpertonus Haltung Gestik	
Gesamteindruck Hörerbezug *(Partnerorientierung, Kontakt)* Selbstbezug *(Involviertheit)* Situationsbezug *(Kontextangemessenheit)* Sachbezug *(Strukturiertheit)*	

* MSL = Mittlere Sprechstimmlage

Abb. 6: Beobachtungsbogen zur Beschreibung und Interpretation des personalen Sprechstils (nach Miosga 2006, 245f.)

Die meisten Menschen beschreiben eigenes und fremdes Sprechen nach subjektiven Gefühlsqualitäten:

> Er hat eine warme, angenehme Stimme.
> Ich habe ein bisschen eine „Klein-Mädchen-Stimme".
> Norddeutsche sprechen so gemütlich.

Die Interpretationen unterscheiden sich jedoch stark, je nach kommunikativer Biographie und Kultur der Interpretierenden. Der Beobachtungsbogen (Abb. 6) hilft, den personalen Sprechstil zunächst einmal wertfrei zu beschreiben, indem in der linken Spalte präferierte Parameter markiert werden. In der rechten Spalte kann die Beschreibung subjektiv interpretiert werden, z.B. unter Rückgriff auf das Vier-Ohren-Modell (Kap. 2).

TIPP

Schauen Sie sich den Beobachtungsbogen an!

1. Welche Parameter nutzen Sie bevorzugt im Vergleich zu z.B. Ihren KollegInnen? Beschreiben Sie Ihren personalen Sprechstil.
2. Tauschen Sie sich mit Ihren KollegInnen zu Ihren präferierten prosodischen und nonverbalen Mitteln aus. Versuchen Sie, den Sprechstil auch im Gespräch bewusst einzusetzen.
3. In einer zweiten Runde versuchen Sie bitte, das genaue Gegenteil auszuprobieren.
4. Reflektieren Sie Ihren Sprechstil und Ihre Gesprächsführung unter den drei Perspektiven, die in diesem Kapitel vorgestellt wurden.
5. Reflektieren Sie Ihren Sprechstil und Ihre Gesprächsführung im Hinblick auf exkludierende und inkludierende Praktiken.

Durch eine solche reflexive Haltung der Lehrkräfte zur eigenen Sprache werden die in Kap. 2.2 beschriebenen Voraussetzungen für eine sprachanregende Lernumgebung geschaffen, die Teilhabe ermöglicht (Miosga 2014).

Videografie

Damit das Feedback aber nicht nur mitgeteilt wird, sondern für die betroffene Person auch nachvollziehbar werden kann, ist es eine sinnvolle Methode, Aufnahmen von Gesprächsszenen durch ein Video festzuhalten (Miosga 2006). Die Videografie bringt viele Vorteile, da die Sprechenden die Möglichkeit erhalten, ihre Sprechgestaltung aus einer professionellen Distanz, quasi von außen, zu hören und zu interpretieren. Zudem bietet die Videoaufnahme die Möglichkeit, die Gesprächsszene mehrmals zu wiederholen, sodass diese differenzierter betrachtet werden kann. In unterschiedlichen Gruppenfeedbacksituationen werden Sprechgestaltung und Gesprächsführung von verschiedenen Personen unter Umständen komplett unterschiedlich wahrgenommen.

KommunikationsART

Eine weitere Methode zur Ermöglichung der zweifachen Reflexion ist das Prinzip KommunikationsART (Anselm/Werani 2017).

ART steht für Analyse, Reflexion und Training selbstregulativer Prozesse im Rahmen einer gegenseitigen Videoanalyse.

Durch die Selbst-Begegnung mittels der Videoaufzeichnung erfolgt die Schulung der Wahrnehmung und der Bewusstheit. Im ersten Schritt wird der Kommunikationsstil lediglich wertfrei beschrieben. Im zweiten Schritt erfolgt die Interpretation, in der die Wirkung des Beobachteten im Zentrum steht. Die Wirkungen werden reflektiert, Selbst- und Fremdbild werden abgeglichen und der/die SprecherIn kann prüfen, inwiefern sich Wirkung und Wirkungsabsicht entsprechen, und sich gegebenenfalls für eine alternative Gestaltung entscheiden.

Der Vorteil dieser Methode ist das zweite Paar Augen, das die eigene Beobachtung unterstützt und ergänzt. Es wird eine Sicht auf die eigene Person in der Weise deutlich, wie andere sie wahrnehmen.

Analyse konkreter Situationen

Analysen konkreter Kommunikations- und Unterrichtssituationen ermöglichen einen Zugang zu reflexiven Veränderungs- und Entwicklungsprozessen und die Erweiterung der *Interaktionskompetenz im Unterricht* (Walsh 2011).

DEFINITION

Die Interaktionskompetenz wird als „Anteil eines der Beteiligten an der gemeinsamen Herstellung von Sinn im Rahmen der jeweiligen Gesprächsaktivität" definiert (Quasthoff 2009, 89).

Analyse multimodalen Handelns

Die Analyse des multimodalen Handelns in konkreten Interaktionssituationen (vgl. z. B. Heller/Morek 2016, Schmitt 2015) wird im Folgenden exemplarisch an einer transkribierten Unterrichtssequenz im Rahmen der schulpraktischen Übungen im Fach Deutsch einer Lehramtsanwärterin verdeutlicht.

BEISPIEL

Lehrkraft: „Mhm… Hat denn von euch jemand heraus (= betont) bekommen, was das Thema der heutigen Stunde ist? (= langsam) Ja, Elisa?"
Elisa: „Märchenwelt?"
Lehrkraft: „Genau (nickt). Richtig (= ri = akzentuierte Silbe). Heute (= betont) soll es um die Märchen (= betont, ä lang) gehen. Öhm, kann (= betont) mir denn vielleicht jemand noch sagen, woran ihr das jetzt erkannt habt, dass das n Märchen ist, oder welche Merkmale Märchen haben? Wisst ihr das? (Frage leise gestellt) Was fällt euch [ein] (= tiefere Stimme)?"
Thomas: „uh"
Lehrkraft: „Thomas?"
Thomas: „Wegen jetzt dem Schluss – wenn sie nicht gestorben sind, dann leben sie noch heute?" (Satzteil = schneller werdend)
Lehrkraft: „Genau (= langsam) Sehr (= betont) gut. Wem fällt noch etwas ein? Elisa."
Elisa: „Vor langer langer Zeit?"

Lehrkraft: „Genau (nau = akzentuierte Silbe). Das kann (= betont) ein Anfang sein, und was gibt's noch für mögliche Anfänge?" (Lehrkraft lässt Blick schweifen von links nach rechts, nickt einem Kind zu.)
Mischa: „Es war einmal?"
Lehrkraft: „Genau. Aber es war auch richtig, was du gesagt hast Elisa. (3 Sek. Pause) Wem fällt noch etwas ein? Was fällt euch noch zum Märchen ein (Satz = leise)? Für Merkmale (= langsam). Was wisst ihr noch darüber? (7 Sek. Pause) (Lehrkraft steht still vor der Klasse und wartet). Nichts – mehr fällt euch nicht ein? Was kommen denn da immer für Personen (= betont) vor. (2 Sek. Pause) Fallen euch da (= betont) welche ein? Vielleicht auch aus anderen Märchen, nicht aus dem Märchen, das wir jetzt (= betont) gelesen haben – Elisa?"
Elisa: „Prinzen" (= betont).
Lehrkraft: „Ja, genau (= leise). Was gibt's noch? (5 Sek. Pause) Na los (o = lang). Traut euch (= schnell). Ihr kennt doch sicherlich alle Märchen (alle Märchen = leise) (7 Sek. Pause) ja" – (Lehrkraft ruft Marie auf)
Marie: „Rapunzel?"
Lehrkraft: „Rapunzel (= langsam). Genau."
Die Analyse der kurzen Unterrichtssequenz zeigt, dass die Lehramtsanwärterin versucht, das Unterrichtsgespräch und das Thema fragend zu entwickeln. Es fällt auf, dass die Lernenden nur sehr kurze Antworten geben und diese auch noch in fragender Intonation. Die Lehramtsanwärterin markiert sprachlich ihr Einverständnis, prosodisch jedoch eine Bewertung. LehrerInnenseitige Rückmeldungen signalisieren, ob und in welcher Weise der Beitrag eines/einer SchülerIn aus Sicht der Lehrperson angemessen ist.

Schulischer Erfolg im mündlichen Unterrichtsdiskurs hängt stark von der angemessenen Bedienung lehrerInnenseitig gesetzter Zugzwänge und Erwartungen ab. Aus der Perspektive der Lernenden besteht die größte Herausforderung darin, die zumeist impliziten Verfahren, mit denen die Erwartungen der Lehrperson zum Ausdruck kommen, richtig zu interpretieren, um die normativen Setzungen zu erkennen und entsprechend angemessen zu befolgen. Der klassisch fragend-entwickelnde Unterricht bietet in dieser Situation keine Anregung zu übersatzmäßigen Äußerungen, keine Involvierung in das Thema und keine Partizipationsgelegenheiten für alle Lernenden. Durch die Analyse der Interaktion wird für die Lehramtsanwärterin erkennbar, dass die Planung des Unterrichtsgesprächs und die schematische Anwendung von W-

Fragen und Operatoren nicht zielführend sind, was neue Perspektiven und Handlungsoptionen eröffnet.

ZUSAMMENFASSUNG

Viele kreative Anregungen für gelingende Gesprächsführung in sozialen Situationen im Unterricht und entsprechende Verfahren kommen u.a. aus der sozialen Arbeit, der Sozialpädagogik, der Gruppendynamik, der Psychologie und den Wirtschafts- und Managementwissenschaften. Als hilfreich erweisen sie sich aber nur dann, wenn sie an die Bedingungen, die Möglichkeiten und den Auftrag der Schule angepasst werden können (Wehrmann 2013). Ziel kann es dabei nicht sein, die ideale Kommunikation in der Schule zu etablieren. Vielmehr geht es um bewusstes sprachliches Handeln im inklusiven Unterricht und das Eröffnen von Entscheidungsräumen, wie man Gespräche im inklusiven Unterricht wirklich *führen* will, um letztlich zu einer gemeinsamen Sprache zu finden.

4 Gesprächspraxis im Schulalltag – unterschiedliche Gesprächssituationen und ihre Anforderungen

ZUSAMMENFASSUNG

In diesem Kapitel wird zunächst das Unterrichtsgespräch als das bestimmende Handlungsmuster thematisiert. Im Anschluss daran wird exemplarisch auf drei konkrete Diskurspraktiken – Erzählen, Erklären und Argumentieren – und deren Förderung durch LehrerInnensprache und Interaktionsgestaltung im Unterricht eingegangen. Abschließend werden mit der sprachsensiblen Unterrichtsgestaltung und dem Umgang mit Unterrichtsstörungen Möglichkeiten der differenzierten Gestaltung des Unterrichtsgesprächs aufgezeigt.

Gespräche im Schulalltag finden im Kollegium, zwischen einzelnen Lehrpersonen, Lehrkräften und Eltern bzw. Sorgeberechtigten, einzelnen SchülerInnen, in der Peergruppe, mit kleineren Schülergruppen und zwischen der gesamten Klasse und der Lehrkraft statt.

Konstellationen der Interaktion

Schulische Kommunikations- und Gesprächsformen unterscheiden sich somit nach den Interaktionskonstellationen, die von dyadisch (zwei Personen sprechen miteinander) über triadisch (drei Personen sind an dem Gespräch beteiligt) bis hin zu polyadisch (mehr als drei Personen treten in den sprachlich-kommunikativen Austausch) reichen.

Formalisierungsgrad

Auch bezüglich des Grades der Formalisierung ergeben sich erhebliche Unterschiede. So sind Gespräche zwischen den Peers häufig alltagssprachlich informell, d.h. es wird eine Sprache der Nähe gewählt. In allen anderen Gesprächskontexten kann der Formalisierungsgrad in Abhängigkeit vom Fähigkeitsniveau der Lernenden und dem Unterrichtsgegenstand von alltagssprachlich über bildungssprachlich bis hin zu fachsprachlich variieren (Kap. 2).

4.1 Das Unterrichtsgespräch

Das Unterrichtsgespräch ist die am weitesten verbreitete und zugleich natürlichste Methode. Nahezu 70 Prozent der Zeit werden durch LehrerInnensprache gestaltet und gesteuert (Leisen 2003).

DEFINITION

Das Unterrichtsgespräch umfasst alle Situationen im Unterricht, in denen ein gemeinsamer Austausch der Lehrkraft mit möglichst allen und zwischen allen SchülerInnen zu einem klar definierten Thema stattfindet (Leisen 2003, 3).

Funktionen

Nach Leisen (2003) erfüllt das Unterrichtsgespräch verschiedene Funktionen:

- **Kommunikation:** Es dient dem Austausch und der Verständigung über den Unterrichtsgegenstand. Dabei kann es sich um ein Thema, einen Sachverhalt, ein Problem, eine Fragestellung, ein Experiment oder einen Text handeln.
- **Diagnostik:** Die Lehrkraft erhält Einblick in die Vorstellungen, Vorkenntnisse und Wahrnehmungen bzw. Deutungen der SchülerInnen sowie in deren sprachlich-kommunikative Kompetenzen.
- **Förderung:** Es bietet den SchülerInnen die Möglichkeit zur Verbalisierung ihrer Überlegungen und den Lehrkräften die Möglichkeit zum wertschätzenden, korrektiven Feedback, zu responsiven Unterstützungsstrategien und Zuhörreaktionen.

Qualität von Unterrichtsgesprächen

Unterrichtsgespräche sind nur in begrenztem Ausmaß planbar, da sie sich entwickeln, während sie geführt werden, und verschiedene Faktoren ihren Verlauf beeinflussen.

Unterrichtsbeobachtungen und Videostudien zeigen Stärken und Schwächen der unterrichtlichen Gesprächsführung, woraus sich empirisch Qualitätsmerkmale gelingender Unterrichtsgespräche ableiten lassen. Dazu gehören: Strukturiertheit, Kohärenz, Ertrag für die SchülerInnen, Diskursivität und eine positive, durch Wertschätzung geprägte Erwartungshaltung seitens der Lehrkraft und der Lernenden.

BEISPIEL

Wertschätzende Glaubenssätze der Lehrkraft können sein: „Da kommt etwas heraus, die finden das schon heraus, die machen mit, die bringen sich ein, die können das."
Bei den Lernenden kommt an: „Sie traut uns was zu, wir kriegen das raus, es lohnt sich, sich anzustrengen."

4.1.1 Gesprächsformen: Vom LehrerInnenvortrag zum offenen Diskurs

Verschiedene Gesprächsformen im Unterricht unterscheiden sich nach ihrem Grad der LehrerInnenlenkung, wie Abb. 7 schematisch zeigt.

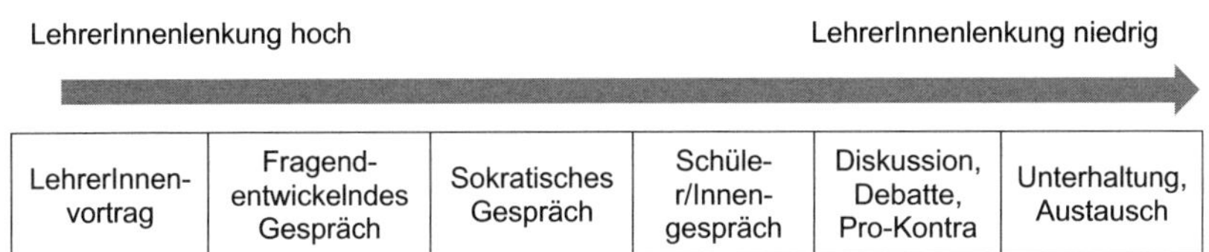

Abb. 7: Unterschiedliches Ausmaß an LehrerInnenlenkung in verschiedenen Formen des Unterrichtsgesprächs (aus Leisen 2003, 8)

LehrerInnen-vortrag

Beim LehrerInnenvortrag handelt es sich um eine monologische Form der Wissensdarbietung mit direkter Ansprache der SchülerInnen. Bei dieser Gesprächsform ist die LehrerInnenlenkung am höchsten.

fragend-entwickelndes Gespräch

Das Modell des fragend-entwickelnden Gesprächs orientiert sich an dem humanistischen Ideal von Platons sokratischem Dialog (Unruh / Petersen 2011). Dabei aktiviert die Lehrkraft durch gezielt gestellte Fragen das Vorwissen der SchülerInnen. Dies wird auch als Initiation (I) bezeichnet. Darauf folgt die Antwort der Lernenden (Response), die wiederum ein Feedback (F) oder eine Evaluation (E) der Lehrkraft nach sich zieht (**IRE-** oder **IRF-Schema**, Mehan 1979).

Da die fragende Lehrkraft das Ergebnis des Gesprächs schon kennt, statt sich fragend-zuhörend mit dem Gegenüber auseinanderzusetzen, entsteht eine paradoxe Kommunikationssituation (u. a. Helmke 2005).

sokratisches Gespräch

Das sokratische Gespräch ist dadurch gekennzeichnet, dass die SchülerInnen eigene Einsichten zu der jeweiligen Frage erlangen sollen (Eymann 2013). Das sokratische Gespräch kann immer dort eingesetzt werden, wo es um Erkenntnisgewinn, Bewertungsfragen, das Finden von Kategorien oder Metakommunikation geht.

BEISPIEL

Im Deutschunterricht stellt die Lehrkraft die Frage „Warum schreiben Menschen Bücher?" in den Raum oder im Sachunterricht die Behauptung „Der Mensch – auch nur ein Tier?". Zu solchen oder ähnlichen Fragen werden die Lernenden zunächst zu einem Brainstorming oder Brainwriting aufgefordert. Beim Brainwriting schreiben die SchülerInnen ihre Ideen auf einen Zettel. Dieser wird an den / die SitznachbarIn weitergegeben, der / die sie ergänzt. Alle Ideen werden gesammelt und im anschließenden sokratischen Gespräch hinterfragt: Woher stammen unsere Vermutungen? Woher wissen wir, welche Informationen wahr sind? Was ist, wenn sich Aussagen widersprechen?

Die Lehrkraft beteiligt sich nicht inhaltlich an dem Gespräch, sondern achtet auf die Einhaltung von Gesprächsregeln in dessen Verlauf und gibt Impulse.

SchülerInnengespräch

Im SchülerInnengespräch liegt der Fokus auf dem Austausch zwischen den Lernenden. Besonders wichtig ist es hierbei, dass sie zuvor vereinbarte Gesprächsregeln verinnerlicht haben (Kap. 4.1.2).

Diskussion / Debatte

Bei der Diskussion oder Debatte handelt es sich um eine formal stark geregelte Gesprächsform, um umstrittene Fragen oder Probleme zu erörtern. Dies dient vor allem der Schulung der Argumentationsfähigkeit der Lernenden (Kap. 4.2.3).

TIPP

Um den Lernenden klar zu machen, wie wichtig vereinbarte Regeln für ein zielführendes Unterrichtsgespräch sind, lassen Sie diese zu einem aktuellen Thema doch einfach mal losdiskutieren. In einer anschließenden Reflexion sollten auf jeden Fall einige Gesprächsregeln herausgearbeitet werden können, deren Fehlen zu einem heillosen Durcheinander geführt hat.

Unterhaltung / Austausch

Die Gesprächsformen (informelle) Unterhaltung und (informeller) Austausch sind durch den geringsten Grad der LehrerInnenlenkung gekennzeichnet und werden vor allem in Partner- oder Gruppenarbeiten eingesetzt.

TIPP.

Ob frei oder gelenkt: Versuchen Sie, sich zunehmend immer mehr zurückzunehmen, und überlassen Sie die Arena Ihren SchülerInnen – allerdings unter Beachtung der zuvor gemeinsam festgelegten Gesprächsregeln.

4.1.2 Einführung von Gesprächsregeln

Um Unterrichtsgespräche zwischen SchülerInnen anzubahnen, muss eine freundliche und vertrauensvolle Gesprächsatmosphäre geschaffen werden. Dazu gehört die passende Sitzordnung, die so gestaltet sein sollte, dass alle SchülerInnen für alle zu sehen sind. Ziel der Gesprächsregeln sollte sein, die SchülerInnen zu immer längeren Beiträgen zu ermutigen, in denen sie ihren MitschülerInnen individuelle Sichtweisen mitteilen, ohne Angst vor einer falschen Äußerung zu haben. Ein einzelner Beitrag muss nicht immer zu einer kompletten Problemlösung führen. Es geht vielmehr um eine gemeinsame Entwicklung, in der jederzeit auch fehlerhafte Aussagen möglich sein müssen.

TIPP

Andere Meinungen sind bereichernd und sollten in jedem Fall näher beleuchtet werden.

Gesprächsregeln im Unterricht beziehen sich häufig v.a. auf verfahrenszentrierte Regelungen zur Rederechtsübergabe. Dies kann neben dem Meldeverfahren auch durch einen Erzählstein o.ä. im Erzählkreis erfolgen (Berg 2019).

Gesprächshilfen

Basis für eine gelingende Gesprächskultur ist, dass die Lernenden grundlegende Gesprächshilfen kennen, situativ flexibel vereinbaren und beachten.

- Wir hören einander genau zu und versuchen, das Gesagte zu verstehen.
- Wir lassen einander aussprechen.
- Wir sprechen laut und deutlich.
- Wir denken zuerst nach, bevor wir reden.

- Wir melden uns, wenn wir etwas sagen wollen.
- Wir gehen auf Beiträge anderer ein.
- Wir bleiben beim Thema und schweifen nicht ab.
- Wir fragen nach, wenn wir etwas nicht verstanden haben.
- Wir versuchen, möglichst viele aktiv ins Gespräch einzubeziehen.

Abb. 8: Piktogramme für Zuhörregeln (aus: Reber / Schönauer-Schneider 2018, 176)

Die Gesprächsregeln können auch – wie in Abb. 8 exemplarisch gezeigt – visualisiert und im Klassenzimmer für alle sichtbar aufgehängt werden.

Bei der gemeinsamen Erarbeitung und Etablierung von Gesprächsregeln geht es „nicht darum, die Norm zu lernen, sondern darum, durch die Norm etwas zu lernen" (Feilke 2015, 129). In diesem Fall: wie Gespräche gelingen können.

Grenzen Durch eine zu stark geregelte Rederechtsübergabe werden z. B. inhaltlich aufeinander aufbauende Redebeiträge, die ein bestimmtes Thema weiterführen, verhindert. Gerade das fortgesetzte geteilte Denken (sustained shared thinking) hat sich aber als besonders sprach- und entwicklungsförderlich erwiesen (Siraj-Blatchford 2012) (Kap. 5.2.3).

Im Zusammenspiel mit anderen sprach- und interaktionsförderlichen Methoden im Unterricht (z. B. dem Klassenrat oder Rollenspielen) können solche Regeln aber helfen, Unterrichtsstörungen und pragmatisch-kommunikative Schwierigkeiten zu reduzieren (Kap. 4.3).

TIPP

Unterrichtsphasen, in denen die Lernenden miteinander ins Gespräch vertieft sind, können gut zur Beobachtung der pragmatisch-kommunikativen Kompetenzen genutzt werden. Beteiligt sie / er sich am Gespräch? Geht sie / er auf andere ein? Welche Rolle kommt ihr / ihm in der Gesprächsrunde zu? Zur Einhaltung der Gesprächsregeln sollte anschließend ein spezifisches Feedback erfolgen, darüber hinaus können weitere Beobachtungen besprochen werden: Woran kann bzw. sollte der / die SchülerIn noch arbeiten? Worauf sollte sie / er achten?

Lassen Sie einmal Ihr eigenes Gesprächsverhalten durch eine / n KollegIn beobachten oder beobachten Sie sich im Video selbst: Welche Gesprächsformen nutzen Sie bevorzugt? Welche Gesprächsregeln beachten oder missachten Sie? Inkludieren oder exkludieren Sie SchülerInnen durch Ihre Gesprächsformen und -regeln?

Weiterführende Links zu Materialien finden Sie im ***Onlinematerial.***

4.2 Verschiedene Diskurspraktiken – verschiedene Unterstützungsmöglichkeiten

Sprache im Alltag situationsadäquat verwenden zu lernen, um zu erzählen, zu erklären und reflexiv zu argumentieren, ist eine wichtige Aufgabe des Unterrichts in der Grundschule (KMK 2015).

Aber wie kann das Unterrichtsgespräch konkret gestaltet werden, damit es den SchülerInnen Erwerbsgelegenheiten für verschiedene satzübergreifende *Diskurspraktiken wie Erzählen, Erklären und Argumentieren* bietet? Wie kann die Lehrkraft Anlässe für schülerInnenseitige Diskursteilhabe schaffen? Je nach kommunikativer Praktik bzw. Gattung ergeben sich verschiedene Möglichkeiten der Unterstützung seitens der Lehrkraft.

4.2.1 Erzählen

Das Erzählen von Erlebnissen, Erinnerungen und Geschichten ist ein selbstverständlicher Teil zwischenmenschlicher Kommunikation, der viele Funktionen erfüllt.

Funktionen

Erzählen dient z. B. der Unterhaltung, der Information, der Selbstdarstellung sowie der seelischen Entlastung. Mit dem Erzählen wird die aktuelle Sprechsituation verlassen und eine sprachliche Handlungsfolge erstellt, die jenseits der Gesprächssituation verläuft. Sprache wird aus dem Kontext der Kommunikationssituation herausgelöst und damit ein wesentlicher Grundstein für die Lese- und Schreibfähigkeit gelegt (Drick 2016, 3). Empirische Studien zeigen, dass Kinder, die bereits im Vorschulalter über gut ausgebaute mündliche Erzählfähigkeiten verfügen, auch bessere schriftliche Erzählungen verfassen und so den Wechsel von der medialen Mündlichkeit in die mediale Schriftlichkeit leichter meistern (Olhus et al. 2006). Gut ausgebaute Erzählfähigkeiten können sich darüber hinaus positiv auf mathematische Leistungen auswirken (O'Neill et al. 2004).

DEFINITION

Das Erzählen ist eine interaktive Tätigkeit sowie ein ko-konstruktiver Prozess mehrerer KommunikationspartnerInnen mit einer/m primären Sprechenden. Vergangenes wird versprachlicht und als Weitergabe in Form von Geschichten verstanden (Reich/Roth 2007).

interaktive Ressourcen

Bedeutsame Ressourcen, die den Erwerb von Erzählfähigkeiten schon im Vorschulalter unterstützen und vorantreiben, stellen z. B. Modelle von Erzählungen dar, die den Kindern in unterschiedlicher Form in ihrem Alltag begegnen. Interaktionen innerhalb der Kindergruppe können positive Effekte auf die Entwicklung der allgemeinen Sprachkompetenz bzw. die Entwicklung von Erzählfähigkeiten haben (z. B. Drick 2015). Erzähl- und sprachkompetente Erwachsene müssen hierfür als aktiv Zuhörende fungieren und die Kinder in feinfühlig-stützender bzw. feinfühlig-lehrender Art und Weise individuell abgestimmt auf ihr jeweiliges Entwicklungsniveau beim Erzählen fordern und fördern (Händel-Rüdinger 2015).

Feinfühlig-stützende InteraktionspartnerInnen stellen Nachfragen, um das Kind in den Ausbau seiner Geschichte zu steuern, und fordern Informationen ein, wenn Unklarheiten bestehen. Wenn das Kind den Ablauf seiner Erzählung durcheinanderbringt, geben sie Impulse, die bei der korrekten Weiterführung und beim Beenden der Geschichte helfen. Auch bieten sie

Formulierungshilfen an und zeigen somit modellhaft, wie Gedanken versprachlicht werden können.

Alle diese sprachlichen Hilfestellungen, welche die Erwachsenen im Gespräch leisten, erfolgen nicht mit der Absicht, dem Kind Erzählunterricht zu erteilen, sondern rein intuitiv, um die Interaktion mit dem Kind oder unter den Kindern aufrechtzuerhalten und die Verständigung zu sichern (Drick 2016).

Auch verschiedene Formen des Vorlesens, das dialogische Lesen von Bilderbüchern oder der Einsatz von Bilderbuch-Apps sind geeignete Möglichkeiten zur Förderung der Erzählfähigkeit.

erzählendes Vorlesen

Das erzählende Vorlesen fördert implizit die Erzählfähigkeit und das Geschichtenverständnis. SchülerInnen, die erfahren haben, dass Erzählungen dem beschriebenen Geschichtenschema folgen müssen, damit sich eine Handlung aus der anderen ergibt (*Kohärenz* der Erzählung), können dieses Ordnungsschema an Erzählungen in anderen medialen Formen (literarische Texte, Hörspiele, audiovisuelle Erzählungen), aber auch beim Verfassen eigener Erzählungen, der ersten selbstständigen Aufsatzform in der Grundschule, anlegen. Diese Strukturen werden in den ersten Schuljahren über den wiederholten Gebrauch intuitiv übernommen. Eine bewusste Reflektion darüber ist erst später möglich.

TIPP

Um das Ordnungsschema von Erzählungen zu vermitteln, muss regelmäßig erzählt werden. Über regelmäßiges Erzählen kann sich die Lust an Geschichten entwickeln und das Interesse geweckt werden, selbst zu lesen.

Erzählen im Unterricht fördern

Um SchülerInnen zum freien Erzählen zu bringen, wird im Unterricht häufig der ritualisierte Erzählkreis genutzt (Morek 2013). Allerdings steht dabei die Verpflichtung, die Aufgabenstellung und die Bewertung der Lehrkraft im Vordergrund, wodurch das spontane Erzählen, die persönliche Bedeutsamkeit und die Interaktivität an Bedeutung verlieren können (Morek 2013).

Erzählwerkstatt

Um Erzählfähigkeiten im Unterricht anzuregen, Erzählkompetenzen zu erwerben, zu erweitern und zu vertiefen, bietet sich die Methode der Erzählwerkstatt nach Claussen und Merkelbach (2011) an. Ausgehend von verschiedenen Erfahrungen mit der Realität, mit literarischen Texten, aber auch mit Träumen und Phantasien der SchülerInnen, werden gemeinsam Geschichten erfunden, für andere hergestellt und erzählt. Dabei werden differenzierte sprachliche und dramaturgische Mittel erlernt. Das Zuhören und die Fähigkeit, aufeinander einzugehen, werden geschult. Die gemeinsame Suche nach

Ideen, nach dem treffenden Wort sowie dem prägnanten Begriff erzeugt Genauigkeit beim Erzählen. Für die Präsentation in der großen Runde können die Lernenden zwischen verschiedenen Formen wählen, die sie beim Erzählen unterstützen, z. B. dem Erzählsandkasten, den Erzählkarten oder einem Bildertheater. In der Erzählwerkstatt geht es vor allem um das Einüben des Erzählens als *gesellige Alltagspraxis*. Dazu sollte eine Atmosphäre geschaffen werden, die zum Zuhören einlädt und das Erzählen unterstützt (z. B. durch den Einsatz von Licht, Düften und Utensilien, wie dem Erzählteppich oder -hocker für den Erzählenden sowie Sitzkissen für die Zuhörenden).

konkrete Erzählhilfen

Mit Hilfe von Spielfiguren, Gegenständen oder Bildern spielen die SchülerInnen ihre Geschichten und erzählen handlungsbegleitend. Um die Erzählungen zu strukturieren, kann ein Erzählgerüst z. B. mit den fünf W-Fragen (Wer? Was? Wo? Wann? Warum?) und prototypischen Bildkarten vorgegeben werden.

TIPP

Auch wenn Vorlesen eher im Kindergarten- bzw. frühen Schulalter verbreitet ist, bringt es auch für ältere SchülerInnen viele Vorteile. Allerdings sollten die Lernenden bei der Buchauswahl mit einbezogen werden.

Vorlesen

Durch das Vorlesen werden das Geschichtenverständnis und die Erzählfähigkeit gefördert. Zugleich dient es der Wortschatzeinführung und -erweiterung, hilft Kindern, ein Gefühl für die prosodische Gestaltung der Sprache zu entwickeln, und wirkt sich zudem positiv auf die kognitive und emotionale Entwicklung aus.

BEISPIEL

Als Vorlesende/r stimmt man sich auf den Entwicklungsstand der Zuhörenden ein, indem man z.B. Akzente auf neue Informationen setzt, die Lesegeschwindigkeit variiert oder die zeitliche und räumliche Struktur von Geschichten multimodal und auf verschiedenen Ebenen redundant darstellt (z.B. gestisch, mimisch, prosodisch und verbal).

Kinder, die Deutsch als Zweitsprache erwerben, können durch das Vorlesen ein Gefühl für die deutsche Sprache erlangen und Interesse an deutscher Kinderliteratur entwickeln. Auch Kinder, denen zu Hause wenig bis gar nicht vorgelesen wird, können profitieren. Ziele sind u. a. die Zunahme der Lesekompetenz und -motivation sowie die Steigerung der individuellen Leseaktivität (Belgrad / Schünemann 2011).

sinngestaltendes Lesen

Das sinngestaltende Lesen erfolgt durch den Aufbau innerer Vorstellungsbilder, die eigene innere Strukturierung. Dies wird in der äußeren Gestaltung der Prosodie hörbar und in der nonverbalen Gestaltung sichtbar.

BEISPIEL

Ferkel trifft ein Heffalump

Zuerst, als sie den Pfad entlang stapften, der den 160 Morgenwald begrenzte, sprachen sie nicht viel miteinander, aber als sie an den Bach kamen und als sie einander über die Trittsteine geholfen hatten und wieder nebeneinander über das Heidekraut gehen konnten, begannen sie sich freundschaftlich über dies und jenes zu unterhalten. Und dann, gerade als sie zu den sechs Tannen kamen, blickte Puuh sich um, um zu sehen, dass niemand lauschte und sagte mit sehr feierlicher Stimme:

„Ferkel, ich habe etwas beschlossen."

„Was hast du beschlossen, Puuh?"

„Ich habe beschlossen, ein Heffalump zu fangen." (Milne 2015, 62–75)

TIPP

Stellen Sie sich vor dem Vorlesen der obigen Geschichte zuerst einen Pfad vor, der an einem Wald entlangführt. Wenn sich das innere Bild aufgebaut hat, beginnen Sie mit der Gestaltung des Vorlesens durch Mimik, Gestik und Prosodie. Orientieren Sie sich beim Vorlesen an Sinnschritten, nicht an Satzzeichen. Fokussieren Sie Sinnschwerpunkte durch Akzente und markieren Sie die Gliederungsstruktur durch kurze Pausen, das Ende von Sinnschritten und Abschnitten durch längere Pausen zur Erleichterung der Verarbeitung des Gesagten. Der Text kann so aus einer Erzählhaltung, nicht aus einer Lesehaltung heraus, interpretierend gesprochen werden. Dadurch entsteht ein gemeinsames Hörerlebnis (inneres Kino) bei den zuhörenden SchülerInnen und Unterricht wird zur „gemeinsamen Sache" (Naugk et. al 2016, 52).

Neben der Herstellung von Gemeinsamkeit kann die Lehrkraft beim Vorlesen gleichzeitig ihre Ansprache differenzieren, indem sie, abgestimmt auf den individuellen Entwicklungsstand der SchülerInnen, bewusst ihren Vorlesestil zum dialogischen Lesen oder Erzählen wechselt.

TIPP

Ein bewusster Einsatz von Vorlesestilen und -formen führt auch zur Reflexion über unbewusste Vorlesemuster, die Teilhabe verhindern.

Bilderbuch-Apps und E-Books

Eine barrierefreie Lesepraxis kann zudem für Lernende mit Hör-, Seh- und Sprachbeeinträchtigungen durch Bilderbuch-Apps und E-Books bereitgestellt werden, die auch Gebärdensprache oder Zoom-Funktionen ermöglichen (Müller-Brauers/Potthast 2020, Hielscher 2018).

Für Kinder mit Deutsch als Zweitsprache liegen zahlreiche mehrsprachige Bilderbuch-Apps und E-Books vor.

Durch Animationen können Lernende eigenaktiv in die Geschichte eintauchen und eingreifen. Bewegte Bilder und Audio-Animationen erleichtern ihnen, sich im Raum zu orientieren, den Handlungsverlauf zeitlich zu strukturieren, sich über Figuren auszutauschen und den weiteren Handlungsverlauf zu antizipieren, sich mit den Akteuren zu identifizieren, den Höhepunkt und die Auflösung emotional zu erleben und die Geschichte an die eigene Lebenswelt anzubinden.

Bei jüngeren Kindern kann das Geschichtenverständnis beim Lesen mit Bilderbuch-Apps durch die medienbezogenen technischen Side-Aktivitäten und Äußerungen („Drück doch mal auf den Punkt“, „Guck mal, da blinkt was“) aber auch beeinträchtigt werden (Miosga 2020).

TIPP

Probieren Sie verschiedene Apps aus und experimentieren Sie mit den interaktiven Funktionen. Eine Selbstreflexion darüber, wie diese Funktionen Ihr Vorlesen beeinflussen, kann zu einem bewussteren Einsatz führen. Analysen von aktuell auf dem Markt verfügbaren Bilderbuch-Apps und Hinweise zu ihrer Nutzung können helfen, die Qualität der Apps besser einzuschätzen und ihr narratives, interaktives Potential zu nutzen (vgl. Stiftung Lesen im Onlinematerial).

Klein, J., Merkel, J (2009): Geschichten erzählen, erfinden und schreiben: Eine Anleitung mit Lehrfilm für die Grundschule. 1.-4. Klasse. Persen, Hamburg

Littwin, G. (2018): Auf dem Weg zu einer Didaktik des Vorlesens. Zur Lernbarkeit prosodiebezogener Sprech- und Lesefähigkeiten. Leseräume 5(5), 59–81

Weiterführende Links und Onlineliteratur finden Sie im **Onlinematerial**.

4.2.2 Erklären

Erklären ist ein interaktiver Prozess, eine Handlung zwischen zwei InteraktionspartnerInnen. Wie viele Interaktionen ist dieser Prozess in der Regel von Sprache (zumindest) begleitet.

DEFINITION

Erklären als sprachliche Handlung ist eine spezielle Form der Wissensvermittlung mit dem Ziel, dass jemand etwas weiß, versteht oder kann. Voraussetzung ist ein höheres (Fach-) Wissen beim Erklärenden. Die Verwendung bestimmter Wörter oder syntaktischer Formen ist weder hinreichend noch notwendig für die Konstitution des Erklärprozesses (Vogt 2009).

Erklärtypologie

Grundlegend für die Theorie zu Erklärhandlungen ist die Typologie von Klein (2016), in der *Erklären-Was*, *Erklären-Wie* und *Erklären-Warum* unterschieden werden. Diese Typen können zugleich als Anforderungshierarchie interpretiert werden.

- Das *Erklären-Was* weist den höchsten Konkretheitsgrad und die geringste Komplexität auf. Erklärungen bleiben eher auf der beschreibenden Ebene, indem substanzielle Eigenschaften eines Gegenstandes erfasst werden.
- Durch das *Erklären-Wie* sollen erste Einblicke in Prozesszusammenhänge gegeben werden, um Handlungskompetenz aufzubauen.
- Auf der höchsten Stufe erfolgt das *Erklären-Warum*. Durch die Verknüpfung von allgemeinen Regeln und Gesetzmäßigkeiten wird den Ursachen für Phänomene und Sach-verhalte nachgegangen. Dabei wird angenommen, dass eine Erklärung auf eine Warum-Frage nur erfolgen kann, wenn dem Erklärenden genügend Informationen bzw. Charakteristika zu dem zu erklärenden Sachverhalt und dessen prozessualen Zusammenhängen vorliegen.

Erklären zählt *schulfächerübergreifend* zu den besonders relevanten Diskurspraktiken (Morek 2012).

Schule als „Erklärinstitution“

Erklären erleichtert das Lernen (Leisen 2007). Es wird von SchülerInnen geschätzt, wenn die Lehrkraft gut erklären kann, entsprechend sind Strategien des Erklärens fachlicher Zusammenhänge ein Standard der Lehrkräftebildung.

vorbereitete Erklärungen

Es gibt im Unterricht Situationen, in denen Erklärphasen didaktisch geplant und methodisch vorbereitet in den Unterricht eingebaut werden können. Vorbereitete Erklärungen vermitteln Basiswissen, reduzieren komplexe und komplizierte Sachverhalte auf das Wesentliche, tragen zur Veranschaulichung abstrakter Sachverhalte, zur Erläuterung von Methoden und Prozessen sowie zur Ergebnissicherung und -vernetzung bei (Leisen 2007).

Ad-hoc-Erklärungen

Im laufenden Unterricht gibt es aber auch genügend Situationen, in denen Ad-hoc-Erklärungen gefordert sind, auf die sich die Lehrkraft nicht vorbereiten kann. Diese erfordern ein Gespür für die Vorgänge in der Klasse.

Eine Frage steht plötzlich im Raum. Die Lehrkraft blickt in verständnislose Gesichter und muss den Sachverhalt spontan erklären.
Ein Schüler verwendet eine unpassende Begrifflichkeit, meint aber das Richtige. Hier ist eine erklärende Klarstellung der Lehrkraft gefragt.

Ad-hoc-Erklärungen sollten kurz und prägnant sein und sich auf den eigentlichen Zweck, wie das Schließen von Verstehenslücken oder die Abgrenzung von Alltags- und Bildungssprache beschränken (Leisen 2007).

Voraussetzungen für gelingendes Erklären

Um gut zu erklären, sollte die Lehrkraft selbst Interesse am Gegenstand der Erklärung haben und in der Lage sein, die Sachverhalte zu strukturieren. Dazu gehört eine zum Vorwissen und den Lernausgangslagen der SchülerInnen passende Auswahl der Materialien, Informationen, Fakten etc.

Darüber hinaus muss die Lehrkraft ihren Erklärungen eine innere Struktur mit logisch nachvollziehbaren Denkschritten geben, die auch nach außen erkennbar werden. Es muss ein Anfang und ein Ende, ggf. mit einer Zusammenfassung und mit Exkursen überlegt werden. Die Ansprache sollte dramaturgisch, gestisch-mimisch passend und lebendig sein.

TIPP

In der multimodalen Gestaltung ist die eigene Strukturiertheit insbesondere in einer Betonung von Sinnschwerpunkten und einer an Sinnschritten orientierten Pausengestaltung hörbar. Die Sinnschritte bilden Denkeinheiten, die in einer Atemphrase gesprochen werden. Inhaltliche Einheiten und Grenzen innerhalb eines Abschnittes und Anfang und Ende eines Abschnittes werden durch Pausen zur Verarbeitung des Gesagten und zur Einstellung auf neue Gedanken markiert.

Neben der multimodalen Gestaltung ist auf illustrative Beispiele und Anschauungsmaterialien zu achten. Stationen zur Verständnissicherung und metareflexive Überlegungen sollten in die Erklärungen eingebunden werden (Leisen 2007).

SchülerInnen erklären

Unter Gesichtspunkten von gesellschaftlicher Teilhabe, Bildungs- und Lernerfolg stellt die Beherrschung des Erklärens eine sprachlich-kommunikative Schlüsselkompetenz dar (Quasthoff 2009). Sie ermöglicht die aktive Partizipation an kommunikativen Prozessen im Schulunterricht, die ihrerseits wiederum sprachliche und fachliche Lernprozesse in Gang setzt.

Erklären als Bildungssprache

Erklären gehört zu den besonderen sprachlichen Formaten und Prozeduren einer auf Texthandlungen bezogenen Sprachkompetenz, wie man sie im schulischen und akademischen Bereich findet (Feilke 2012). Dennoch wird die Erklärkompetenz zumeist nicht explizit in der Schule gelehrt, sondern ihre Beherrschung für das Lernen als selbstverständlich vorausgesetzt.

Es wird erwartet, dass die Lernenden alle Bestandteile einer guten Erklärung (*Erklären-Was, Erklären-Wie, Erklären-Warum*, Klein 2016) bestmöglich nach ihrem Entwicklungsstand ausfüllen.

Ein zunehmender Anteil von SchülerInnen deutscher sowie nichtdeutscher Erstsprache verfügt nicht über diese vorausgesetzten Sprachkompetenzen, da das Erklären von unklaren Sachverhalten und Begriffen nicht zum Alltagsrepertoire jeder Familie gehört.

Fördermöglichkeiten

Lehrkräfte können den Erwerb des Erklärens unterstützen, indem sie Gelegenheiten zum Erklären eröffnen und gute Modelle anbieten (Quasthoff 2011). Diskursive Modelle können umso effizienter genutzt werden, je stärker sie interaktiv eingebettet sind und je mehr die Lernenden kommunikativ involviert sind. Dabei ist es wichtig, dass die Lehrkraft erst dann *übernimmt* und damit ein Modell liefert, wenn die Lernenden den entsprechenden Beitrag ihrerseits nicht leisten, obwohl sie Gelegenheit dazu hatten. In diesen Fällen erhalten SchülerInnen ein Modell genau in dem Kontext, in dem sie dieses für die Bewältigung eines unmittelbar anstehenden Problems benötigen. Die Lehrkraft kann zudem die Anforderung individualisieren, indem sie gezielt Was-, Wie- oder Warum-Erklärungen anbietet oder einfordert (Klein 2016).

4.2.3 Argumentieren

Die Fähigkeit zu Argumentieren ist in allen Lernbereichen, insbesondere im Fach Deutsch, von Bedeutung. SchülerInnen lernen dabei auch die Abgrenzung des Argumentierens von anderen Formen mündlicher Sprache, z. B. vom Beschreiben, Berichten, Informieren, Erörtern oder Appellieren.

DEFINITION

Das Argumentieren hat zwei Funktionen: zum einen die Bearbeitung von Dissens (durch Auflösung oder Schärfung), zum anderen die Etablierung dessen, was die Teilnehmenden an einer Interaktion als geltend betrachten.

Da die Argumentation im demokratischen Gemeinwesen das bevorzugte Verfahren der Einflussnahme ist, erscheint es gesellschaftlich hochrelevant, dass Kinder diese kommunikative Praktik erwerben und nutzen (Bose et al. 2019).

Argumentieren fördern

Argumentationsförderliche Verhaltensweisen der Lehrkraft sind z. B. der partnerschaftliche Umgang mit den Kindern sowie die Unterstützung bei der Kategorisierung und Lösung von Problemen. Auch die Nutzung unterrichtsauthentischer Gesprächsanlässe (Morek 2013) oder bestimmter Gesprächsformate, wie z. B. Wunschsterne und Stolpersteine (Bose et al. 2019) tragen in besonderem Maße zur Entwicklung und Förderung argumentativer Fähigkeiten bei Kindern bei.

BEISPIEL

Das Gesprächsformat *Wunschsterne und Stolpersteine* ist geeignet für Kinder im Alter von fünf bis sieben Jahren. Sie diskutieren im Beisein einer pädagogischen Fachkraft oder Lehrkraft ausschließlich eigene Themen: Entweder Probleme, die sie bewegen und für die sie eine Lösung besprechen möchten (Stolpersteine), oder Wünsche (Wunschsterne), die sie an die Kindertageseinrichtung oder die Schule herantragen wollen. Zu Beginn jedes Gesprächskreises wird ein Korb herumgegeben, in dem sich Steine und Holzsterne befinden. Steine symbolisieren ein Problem, Sterne einen Wunsch. Die Kinder können sich einen Stein oder einen Stern auswählen, die Fach- bzw. Lehrkraft erfragt die Themen der Kinder, bespricht sie gemeinsam mit ihnen und versucht, in der Gruppe Lösungen zu finden.

Dadurch lernen die Kinder implizit Grundlagen von Partizipation und Mitbestimmung kennen, erleben sich als aktive GestalterInnen ihrer Lebensräume und entwickeln ihre argumentativen Fähigkeiten weiter (Bose / Kurtenbach 2019).

Zugzwänge etablieren

Lehrkräfte können den SchülerInnen beim Kategorisieren, Formulieren und Spezifizieren von Anliegen wie auch beim Finden möglicher Lösungen assistieren, indem sie Fragen stellen, Formulierungsvorschläge machen, positive Rückmeldungen zu den vorgebrachten Ideen geben und Diskussionen zusammenfassen.

DEFINITION

Damit etablieren sie einen sprachlich-kommunikativen Zugzwang, also die Notwendigkeit, sich zu einem bestimmten Zeitpunkt in bestimmter Weise sprachlich zu positionieren, um etwas durch Argumentation zu erreichen.

Argumentieren kann gezielt gefördert werden, indem die Lehrkraft die Kinder wiederholt zu Begründungshandlungen auffordert, um ihre Anliegen zu verdeutlichen oder die Umsetzbarkeit von Lösungsideen zu prüfen. Indem Lehrkräfte absichern, dass alle Kinder verstehen, worum es bei einem Thema geht, fördern sie zudem Empathie und die Fähigkeit zu Perspektivübernahme als Voraussetzung argumentativen Handelns. Der Leitgedanke der gesellschaftlichen Teilhabe wird umgesetzt, indem sie z. B. gemeinsam erarbeitete Lösungen von Konflikten auch selbst konsequent im Unterricht realisieren (z. B. die Beachtung gemeinsam ausgehandelter Gesprächsregeln).

Ausgewählte Verfahren

Folgende Verfahren befähigen Kinder, Zugzwänge im sprachlichen Handlungskontext umzusetzen (Quasthoff 2011):

1. Globale Anforderungen stellen

   Bezieht ein/e Lernende/r Position („Ich will Feuerwehrmann werden."), fragt die Lehrkraft nach und fordert Begründungen ein („Wieso willst du denn...?")

2. Globale Zugzwänge lokalisieren: Werden globale Zugzwänge noch nicht erkannt, etabliert die Lehrkraft einen lokalen Zugzwang, mit dem das Kind umgehen kann.

   „Hast du mitgekriegt, was da passiert ist?"

3. Globale Zugzwänge explizieren: Werden globale Zugzwänge nicht erkannt, expliziert die Lehrkraft die zu erwartende globale Anschlussaktivität.

   „Kannst du mir sagen, warum?"

4. Demonstrieren: In Reaktion auf ausbleibende Diskursaktivitäten übernimmt die Lehrkraft die Diskursaufgabe aus der Zuhörendenrolle heraus selbst. Damit bietet sie den Lernenden ein Modell für die Art, wie die Gesprächsaufgabe erledigt werden kann.

„Also ich glaube, das ist so, weil …

nonverbale Formen

Die Lehrkraft kann zudem die Anforderung individualisieren, indem sie nonverbale Formen des Argumentierens ermöglicht oder modelliert. Auch verschiedene Fähigkeiten wie Empathie und Perspektivübernahme als Voraussetzung für das Argumentieren können in verschiedenen Handlungsformen wie Rollenspielen und Zeichnen erprobt und erweitert werden. SchülerInnen sollten auf individuelle Weise ihre jeweiligen Vorerfahrungen, Vorkenntnisse und Handlungsmöglichkeiten beim Argumentieren einbringen können, z. B. durch die Produktion von freien Texten, durch das szenische Darstellen oder den gestalterischen, zeichnerischen Ausdruck.

4.3 Heterogene Schülerschaft – heterogene Methoden der Gesprächsführung?

Heterogenität von Lerngruppen kennzeichnet den pädagogischen Alltag von Lehrkräften (Demmer/von Saldern 2010). Sie ist nicht von vornherein ein Problem für gelingenden Unterricht. Das gemeinsame Lernen an demselben Gegenstand und mit dem gleichen Ziel wird erst dann zur Herausforderung, wenn SchülerInnen auf (kommunikative) Strukturen und Praxen treffen, die für ihr individuelles Lernen unüberwindliche Barrieren darstellen. Lehrkräfte müssen somit für Strukturen und Praxen des (kommunikativen) Umgangs sowie für fachliche und sprachliche Hürden sensibilisiert sein.

Für eine Schülerschaft mit z. B. verschiedenen sonderpädagogischen Förderbedarfen, mit Fluchterfahrungen oder mit verschiedenen familiären Bildungshintergründen ist es notwendig, das Unterrichtskonzept und die Gesprächsführung anzupassen.

4.3.1 Sprachsensibler Unterricht

DEFINITION

Nach Leisen (2010) ist sprachsensibler (Fach-)Unterricht der bewusste Umgang mit Sprache beim Lehren und Lernen im Fach. Er gilt insbesondere als kompetenzfördernde Maßnahme für sprachschwache Lernende beim Sprechen, Lesen und Schreiben.

Drei Prinzipien

Leisen (2010) formuliert die folgenden drei Prinzipien eines sprachsensiblen Fachunterrichts.

1. Die Lernenden werden in fachlich authentische, aber zu bewältigende Sprachsituationen gebracht (Sprachbad). Dabei ist der **Wechsel der Darstellungsformen** wesentlich. Wissen kann gegenständlich, bildlich, sprachlich, symbolisch und – im Mathematik- und naturwissenschaftlichen Unterricht – auch mathematisch dargestellt werden. Es ist fachdidaktisch ratsam und sprachdidaktisch zwingend, sich diese Vielfalt der Darstellungsformen zunutze zu machen und sie in das Zentrum der Didaktik des sprachsensiblen Fachunterrichts zu stellen.

TIPP

Alle relevanten kognitiven Operationen, die für guten Fachunterricht konstitutiv sind, können durch den Wechsel der Darstellungsebenen und -formen im Unterricht wirksam werden und fachliches und sprachliches Verstehen und Lernen differenziert fördern.

2. **Kalkulierte sprachliche Herausforderung.** Damit ist gemeint, dass die sprachlichen Anforderungen knapp über dem individuellen Sprachvermögen und somit in der Zone der nächsten Entwicklung liegen sollten. Das Ziel ist es, die SchülerInnen zu befähigen, mit Anstrengung erfolgreiche Produkte der gesprochenen und geschriebenen Sprache (Leseprodukte, Schreibprodukte, Lernprodukte) herzustellen. Diese müssen nicht unbedingt fehlerfrei sein, sondern sind darüber definiert, dass sie die Aufgabenstellung erfüllen, z. B. einen adressatengerechten Text vom Umfang einer Seite.

TIPP

Einige SchülerInnen benötigen dafür mehr, andere weniger sprachliche Unterstützung, die in Form von Sprachhilfen (= Scaffolding, Methoden-Werkzeugen) gegeben werden.

3. **Einsatz von Methoden-Werkzeugen.** Die Lernenden erhalten so viele Sprachhilfen wie sie zur erfolgreichen Bewältigung der Sprachsituation benötigen (Sprachförderung). Methoden-Werkzeuge sind Unterstützungshilfen für das Sprach- und Fachlernen. Sie helfen den SchülerInnen bei der Bewältigung von Standardsituationen im Unterricht, z. B. bei der Beschreibung eines Experiments im Sachunterricht, bei der Verwendung von Fachbegriffen oder beim Eingehen auf Argumente (Leisen/Hopf 2011).

Diese Methoden-Werkzeuge können im Rahmenkonzept des Scaffoldings zum Einsatz kommen.

Scaffolding als Rahmenkonzept

Bei einem *scaffold* (= Gerüst) handelt es sich um eine vorübergehende, aber notwendige Struktur im Prozess der Entstehung oder der Reparatur eines Gebäudes. Mit jedem Schritt der Fertigstellung des Gebäudes wird das Gerüst zurückgebaut. Diese Metapher haben Wood et al. (1976) auf den frühen Spracherwerb übertragen, als sie den Aufbau von Eltern-Kind-Dialogen in den ersten Lebensjahren beobachteten.

> *„Im Kontext Schule ist mit Scaffolding die vorübergehende, aber essentielle Unterstützung der Lernenden durch eine kompetente Lehrkraft gemeint, die es ihnen ermöglicht, Aufgaben erfolgreich zu bewältigen" (Maybin et al. 1992, 22).*

4.3.2 (Kommunikativer) Umgang mit Unterrichtsstörungen

Unterrichtsstörungen gehören zum Schulalltag. Völlige Störungsfreiheit wäre einerseits eine Utopie, andererseits nicht erstrebenswert, denn aus Konflikten erwächst Lernpotential.

Störungsbegriff

Der Störungsbegriff impliziert, dass etwas zu beheben ist, gerade weil es störend, abweichend, hinderlich oder unerwünscht ist. Aber: *Wer* bestimmt, *wann* und *ob* der Unterricht gestört wird? Und *von wem oder was* er gestört wird? *Was* ist eine Unterrichtsstörung? *Wann* ist von einer Unterrichtsstörung zu sprechen? Wer ist legitimiert, diese als solche festzulegen, und kommen nur SchülerInnen mit Verhaltensauffälligkeiten als VerursacherInnen in Frage? Die Störung kann aus der Perspektive der SchülerInnen oder aus der Perspektive der Lehrkraft betrachtet werden.

SchülerInnenperspektive

Aus der SchülerInnenperspektive sind Provokationen oder Störungen zumeist nicht vordergründig als solche gemeint, sondern dienen der Befriedigung eines zugrundeliegenden Bedürfnisses, z.B. dem Wunsch nach Aufmerksamkeit. Dem/der SchülerIn stehen aber gerade keine anderen Handlungsmöglichkeiten zur Verfügung, um Aufmerksamkeit auf sozial erwünschtem Wege zu erlangen.

Perspektive der Lehrkraft

Aus der Perspektive der Lehrkraft werden Störungen nahezu ausschließlich als unangemessenes SchülerInnenverhalten bzw. als Verhaltensauffälligkeit wahrgenommen (Lohmann 2003). Aber auch aus dieser Perspektive gilt es zu reflektieren, inwieweit die Verhaltensauffälligkeiten und störenden Zuschreibungen mit normativen Einstellungen zu gender-, kultur- oder milieubedingten Heterogenitätsdimensionen einhergehen. In der Konsequenz kann dies auch Auswirkungen auf die Sichtweise und den Umgang mit der *Störung* haben: Die Lehrenden können z.B. die Störung im weiteren Verlauf gerade nicht als solche behandeln, sondern als Hinweis auf ein (Sprach-)Verständnisproblem.

Dies zeigt, dass auch in anderer Weise als in autoritärer Form mit Provokationen oder Störungen umgegangen werden muss und dass es in der Hand der Lehrenden liegt, wie sie Störungen begegnen.

Dabei wird zwischen proaktiven und reaktiven Strategien unterschieden.

Proaktive Strategien

Proaktive Strategien dienen der Verhinderung von Unterrichtsstörungen und Konflikten.

DEFINITION

Classroom Management

Unter *classroom management* (= Klassenführung) sind alle Aktivitäten zu verstehen, die Lehrkräfte unternehmen, um eine Lernumgebung zu gestalten, die sowohl curriculares als auch emotionales und soziales Lernen ermöglicht (Evertson/Weinstein 2013).

LehrerInnenpersönlichkeit

Eine gelingende Klassenführung ist vor allem eine Frage der „persönlichen Wirkungsmittel" (Dollase 2012, 7). Diese umfassen u. a. die verbalen und nonverbalen Kommunikationsfähigkeiten, die Persönlichkeit der Lehrkraft, ihre Fähigkeiten zur Beziehungsgestaltung zu den SchülerInnen und ihre Organisationsfähigkeiten (Kap. 3).

Klassenregeln

In der Schule gelten bestimmte Verhaltensnormen, die gemeinsam mit den SchülerInnen ausgehandelt und häufig in Form von Klassen- oder Gesprächsregeln, die als Plakat im Klassenzimmer ständig sichtbar sind, festgehalten werden.

TeamPinBord

Eine an Grundschulen und der Sekundarstufe I verbreitete Methode zur Erziehungsplanung mit starker sprachlicher Komponente ist das TeamPinBoard (Kleindiek o.J.).

Es ist zum einen ein sichtbarer Bereich im Klassenzimmer, zum anderen ein systematisierter Lehrgang, der hilft, Sozialfertigkeiten im Unterricht gezielt zu erlernen und anzuwenden. Die Ziele für das TeamPinBoard werden in Absprache und Mitarbeit der SchülerInnen erstellt und können immer wieder bei Bedarf erweitert werden. Jede Lehrkraft, welche die Systematik im Unterricht einsetzt, kann so auch immer neue, individuell auf die Bedürfnisse der jeweiligen Klasse zugeschnittene Ziele formulieren, aufschlüsseln und installieren.

Über das TeamPinBoard werden Regeln, die eine Klasse für ihr Miteinander beschlossen hat, gezielt visualisiert und konkrete Handlungs- und Sprachmuster (sog. Indikatoren für das Einhalten der Regeln) vorgegeben.

BEISPIEL

Ein übergeordnetes Sozialziel ist der respektvolle, höfliche Umgang miteinander. SchülerInnen haben aber oftmals keine genaue Vorstellung von dem Begriff *Höflichkeit*. Er ist zu einer leeren Worthülse geworden. Bei der Methode des TeamPinBoard wird diese durch zwei Indikatorengruppen (Ich sehe – Ich höre) erfahrbar gemacht. Konkret beobachtbare bzw. hörbare Verhaltensmuster, die mit Respekt und Höflichkeit verbunden werden, sind z.B. ein freundliches Gesicht, Augen, die sich anschauen, oder Sprechbeispiele wie sich mit dem Vornamen ansprechen, sich begrüßen, sich verabschieden. Diese konkreten Handlungs- und Sprachmuster (z.B. Ich sehe: ein freundliches Gesicht; Ich höre: „Bitte – Danke") werden gemeinsam gesammelt und gezielt visualisiert. Die Indikatoren stehen jederzeit sichtbar im Klassenraum bzw. in einem Klassenordner zur Verfügung, sodass die Lehrkraft mit ermutigender und sanktionsfreier Art auf sie verweisen kann.

Die Arbeit mit dem TeamPinBoard bringt folgende Vorteile:

- Überschaubarkeit: Es steht immer nur eine Sozialfertigkeit bzw. ein kleinschrittiges Ziel im Vordergrund, wodurch das Lernen erleichtert wird.
- Visualisierung: Die Ziele werden optisch angeboten und über mehrere Sinne ansprochen.
- Ermutigung: Anstatt negativer Sanktionen werden positive Hinweise auf erwünschtes Sozialverhalten gegeben.
- Permanente Verfügbarkeit: Die Lehrkraft kann jederzeit während des Unterrichts auf das TeamPinBoard verweisen und Tipps zur besseren Einhaltung des Sozialziels geben.
- Flexibler Einsatz: Ziele können jederzeit (pro Stunde, pro Tag, pro Woche) ausgetauscht und erweitert werden.
- Individuelle Erziehungsplanung: Nach einer Phase, in der klassenweit die gleichen Sozialziele erarbeitet werden, ist es möglich, z.B. mit SchülerInnen mit einem hohen Förderbedarf in der emotionalen und sozialen Entwicklung oder im pragmatisch-kommunikativen Bereich individuelle Erziehungsziele zu finden und zu erarbeiten.

Reaktive Strategien

Trotz Klassenführung gibt es Situationen im Schulalltag, in denen die Lehrkraft auf Störungen reagieren muss. Hier sind v.a. Konfliktsituationen zu nennen, in denen verschiedene Interessen und Bedürfnisse aufeinandertreffen. Es kann sich um einen Lehrkraft-SchülerIn-, um einen SchülerIn-SchülerIn-Konflikt oder auch um ein Konfliktgespräch im Kollegium oder mit den Eltern eines Schülers oder einer Schülerin handeln.

Konfliktentstehung

Die Entstehung eines Konflikts kann unter Rückgriff auf das Vier-Ohren-Modell nach Schulz von Thun (Kap. 2) erklärt werden. Kommunikationsstörungen, die zu Konflikten führen, treten in der Regel auf der Seite des Empfängers bzw. der Empfängerin auf. Diese/r hat die Steuerungsmöglichkeit, sich zu vergewissern, ob sie/er mit dem richtigen Ohr gehört hat. Nimmt sie/er diese Steuerungsmöglichkeit nicht in Anspruch, sondern beispielsweise für bare Münze, was sie/er mit dem Beziehungsohr gehört zu haben glaubt, entstehen Konflikte (Unruh 2012).

BEISPIEL

Im klassischen Elterngespräch ergeben sich zahlreiche Möglichkeiten für Missverständnisse – nur weil man mit dem falschen *Ohr* gehört hat. Eltern machen schnell dicht, wenn sie ausschließlich mit dem Beziehungsohr hörend die Botschaft „Ich bin eine schlechte Mutter" oder mit dem Appellohr hörend wahrnehmen „Ich soll jetzt etwas unternehmen – aber ich weiß nicht was – und wieso eigentlich ich?". Aber auch die Lehrkraft ist in hohem Maße gefährdet mit dem Selbstkundgabeohr „Die denken von mir, ich wäre ein schlechter Lehrer, weil ich mich nicht durchsetzen kann!" oder mit dem Appellohr zu hören „Aha, jetzt wollen die jede Verantwortung von sich schieben. Ich soll jetzt was unternehmen, aber warum eigentlich immer ich? Den Eltern kommt doch auch eine erzieherische Verantwortung zu!".

Dieser Vier-Ohren-Falle entkommt man nur durch eine professionelle Gesprächsführung (Kap. 3.4).

schülerInnenzentrierter Ansatz

Nach dem schülerInnenzentrierten Ansatz, der aus der humanistischen Psychologie stammt, richtet die Lehrkraft ihre zwischenmenschlichen Beziehungen und ihre Gesprächsführung nach den Dimensionen Echtheit, Akzeptanz und Empathie aus (u.a. Weinberger 2013).

Echtheit

Mit Echtheit ist gemeint, dass die Lehrkraft in Übereinstimmung mit sich selbst handelt und kommuniziert (Kongruenz). Dies setzt Offenheit für das eigene Erleben und sich selbst gegenüber voraus.

Akzeptanz

Ungeachtet eigener Bewertungen von Verhaltensweisen der SchülerInnen (innere Beteiligung) wird das Gegenüber als Person von der Lehrkraft bedingungslos respektiert und wertgeschätzt. Diese unbedingte Wertschätzung wird über das Handeln und die Kommunikation der Lehrkraft transportiert.

Empathie

Die Lehrkraft versucht, den inneren Bezugsrahmen der SchülerInnen bzw. der Eltern zu verstehen. Dazu teilt sie die wahrgenommene gefühlsmäßige Bewertung eines Ereignisses mit. Dies wird auch als Spiegeln bezeichnet. Der/die SchülerIn oder auch die Eltern haben so die Möglichkeit, den Eindruck eines Gefühls, das bei der Lehrkraft fälschlicherweise angekommen ist, zu korrigieren (Hartke/Vrban 2011).

aktives Zuhören

Hat der/die SchülerIn ein Problem, wird er/sie im Rahmen eines schülerInnenzentrierten Gesprächs von der Lehrkraft dabei unterstützt, die Situation und die damit verbundenen eigenen Gedanken, Gefühle, Wünsche und Absichten sowie das Erleben von Situationen besser zu verstehen und differenziertere Handlungsalternativen zu entwickeln. Gordon (2013) bezeichnet diese Art der Gesprächsführung auch als aktives Zuhören.

Ich-Botschaften

Hat die Lehrkraft ein Problem, sollte immer eine Ich-Botschaft formuliert werden. Eine Ich-Botschaft besteht aus drei Komponenten:

1. Beschreibung des Verhaltens: Die Lernenden müssen sofort verstehen, was die Lehrkraft als Problem erlebt. Es sollte ein wertfreier Bezug zum konkreten Verhalten hergestellt werden und dem Lernenden signalisiert werden, dass das Problem nur bei einem bestimmten Verhalten auftritt.
2. Effekt des Verhaltens: Den Lernenden müssen die konkreten negativen Auswirkungen ihres Verhaltens auf die Lehrkraft mitgeteilt werden, um sie zu motivieren, ihr Verhalten zu ändern.
3. Gefühle, die das Verhalten auslösen: Ich-Botschaften sollen die Gefühle der Lehrkraft zum Ausdruck bringen und den Lernenden ihre Betroffenheit zeigen.

BEISPIEL

Mehrere SchülerInnen erscheinen erst einige Minuten nach dem Pausenklingeln wieder im Klassenzimmer. Dies verhindert, dass der Unterricht pünktlich startet. Die Lehrkraft verbalisiert: „Es ärgert mich, dass wir zu spät mit dem Unterricht anfangen und ich habe Sorge, dass wir nun nicht alles schaffen werden, was ich für heute vorbereitet habe."

TIPP

Diese Form der Kommunikation verlangt oft Mut und Selbstsicherheit, denn Ich-Botschaften enthüllen Gefühle und Bedürfnisse.

Konfliktbewältigung ohne Niederlagen

Haben in einem Konflikt beide Seiten ein Problem und sehen ihre Bedürfnisse als nicht ausreichend beachtet an, dann kann die Lehrkraft gemeinsam mit dem/der betreffenden SchülerIn den Konflikt in Form der niederlagenlosen Konfliktbewältigung lösen (Hartke et al. 2019). Dabei geht es um die Erarbeitung akzeptabler und zufriedenstellender Lösungen für alle Beteiligten. Gemeinsam mit den SchülerInnen werden Lösungsvorschläge gesammelt, diese werden hinsichtlich ihrer Vor- und Nachteile diskutiert und ein gemeinsamer vorläufiger Konsens gefunden. Es ist wichtig, dass alle am Konflikt Beteiligten zu Wort kommen. Die gefundene Lösung wird schriftlich fixiert und es wird festgelegt, wer was zu welchem Zeitpunkt tun soll. Die Realisierung der Entscheidung wird zu einem festgelegten Zeitpunkt überprüft und ggf. beginnt der Prozess zur konsensfähigen Lösungsfindung erneut.

Gewaltfreie Kommunikation

Die Gewaltfreie Kommunikation (GfK) geht auf Rosenberg (2011) zurück. Sie wurzelt im humanistischen, schülerzentrierten Ansatz (Kap. 4.2). Bei der Umsetzung der GfK sind zwei Aspekte zentral:

1. Selbstbeobachtung: Was denkst und fühlst du?
2. Wodurch würde sich die eigene Lebensqualität verbessern, was würde das Leben bereichern?

Diese Fragen sollten ehrlich und ohne jegliche Kritik in der sogenannten Giraffensprache, der Sprache des Herzens, kommuniziert werden (Rosenberg 2011).

Vier Schritte der GfK haben sich als unterstützendes Werkzeug herauskristallisiert, welche die Lehrkraft wiederholt in verschiedenen Spiel- und Übungsmöglichkeiten mit ihren SchülerInnen anwendet und zugunsten friedlicher Kommunikation auf vielfältige Konfliktsituationen im Schulalltag übertragen kann.

Beobachten ohne zu bewerten

Schritt 1: Was habe ich gesehen, gehört, berührt? Hier geht es darum, das Wahrgenommene ohne Bewertungen oder Interpretationen auszudrücken.

BEISPIEL

„Wenn ich sehe, wie du während unseres Gesprächs auf dein Handy schaust (Beobachtung), dann nehme ich an, dass du mir nicht zuhörst" (Interpretation). Hierbei handelt es sich um eine wertfreie Beobachtung, die nachprüfbare Tatsachen benennt.
Wird die Beobachtung dagegen mit der Interpretation vermischt, lautet die Aussage „Du hörst mir nie zu!" Nach Rosenberg (2011) handelt es sich dabei um statische Sprache, da sie die Kontaktaufnahme mit dem/der SchülerIn unmöglich macht. Es steigt die Wahrscheinlichkeit, dass er/sie sich angegriffen fühlt und sich über einen Gegenangriff zu verteidigen versucht („Ich höre Ihnen doch zu, Sie hören mir ja nie zu ..."). Dieses Gespräch könnte in diesem Sinne endlos weitergeführt werden, vermutlich ohne gegenseitiges Zuhören.

Gefühle äußern

Schritt 2: Was fühle ich? Nun geht es darum, die Gefühle auszudrücken, die das Beobachtete bei einem auslöst. Je klarer wir es schaffen, unsere aktuelle Gefühlslage zu erkennen und auszudrücken, desto wahrscheinlicher wird es, dass wir mit uns selbst bzw. anderen Personen in Kontakt treten können. Das klingt einfacher, als es ist. Dafür gibt es verschiedene Gründe: es scheint nicht so wichtig zu sein, die Angst vor Bloßstellung ist groß, die Äußerung von Gefühlen kann als zu persönlich empfunden werden oder könnte von anderen als Schwäche interpretiert werden. Oftmals wurde das Ausdrücken von Gefühlen aber auch nicht gelernt und muss deshalb gezielt eingeübt werden.

Bedürfnisse benennen

Schritt 3: Was brauche ich? Nach Rosenberg (2011) haben alle Menschen die gleichen Bedürfnisse. Hierzu zählt er Autonomie (sich seine Träume, Ziele sowie Werte selbst wählen), Feiern (Erfüllung von Bedürfnissen feiern), Integrität (Sinn, Kreativität), Interdependenz (Gemeinsinn), Kontakt (Akzeptanz, Wertschätzung, Nähe, Rücksichtnahme, Liebe, Geborgenheit), Lebenserhalt (Luft, Nahrung, Sexualleben), Spiel (Spaß, Freude, Selbstausdruck) und spirituelle Verbundenheit (Harmonie, Inspiration, Frieden). Dennoch können diese Bedürfnisse in Abhängigkeit von der aktuellen Situation bei verschiedenen Personen unterschiedlich stark ausgeprägt sein. Kommt es zu Konflikten bzw. kritischen Äußerungen, ist dies ein Ausdruck unbefriedigter Bedürfnisse. Können die Bedürfnisse und die dazugehörigen Gefühle dem/der KommunikationspartnerIn deutlich gemacht werden, steigt die Chance einer kooperativen, friedlichen Konfliktlösung, bei der beide Seiten ein Höchstmaß an Bedürfnisbefriedigung erleben. Damit der/die KommunikationspartnerIn weiß, was er/sie konkret tun kann, damit das Bedürfnis befriedigt wird, folgt als vierter und letzter Schritt die Äußerung der konkreten Bitte.

Bitten formulieren

Schritt 4: Um was möchte ich dich bitten? Wenn wir eine Bitte formuliert haben, dann soll der/die KommunikationspartnerIn im Sinne der GfK ihrer Erfüllung nur dann zustimmen, wenn er/sie es tatsächlich ernst meint. Es muss auch möglich sein, der Bitte nicht nachzukommen und eine andere Art und Weise der Bedürfnisbefriedigung zu finden.

ZUSAMMENFASSUNG

Die GfK dient dazu, uns wieder an etwas zu erinnern, was sozialisationsbedingt durch lebensentfremdende Kommunikationsformen, Denkweisen und das Umgehen mit Macht in uns verschüttet liegt. Lehrkräfte zeigen durch den konsequenten Einsatz der gewaltfreien Kommunikation ihre eigenen Grenzen auf und finden gemeinsam mit den SchülerInnen friedliche bzw. gewaltlose Lösungen.

Ein Video zum Thema Visualisierungen im Unterricht inkl. dem TeamPinBoard sehen Sie auf dem Youtube-Kanal **sprachfertig**. *(Link s.* **Onlinematerial***)*

Spiele und Übungen zur GfK für die Schule finden sich z. B. bei:

Hart, S., Hodson, K.V. (2010): Das respektvolle Klassenzimmer. Werkzeuge zur Konfliktlösung und Förderung der Beziehungskompetenz. Junfermann, Paderborn

Holler, I., Heim, V. (2009): Konfliktkiste. Konflikte erfolgreich lösen mit der Gewaltfreien Kommunikation. Praxistraining „Gewaltfreie Kommunikation". Junfermann, Paderborn

5 Methodensammlung und Übungen zur sprachförderlichen Gestaltung gemeinsamen Unterrichts

ZUSAMMENFASSUNG

Die Methodensammlung umfasst Übungen zur sprachförderlichen Gestaltung gemeinsamen Unterrichts. Zunächst wird auf verbale, nonverbale und paraverbale Mittel der LehrerInnensprache eingangen. Diese werden jeweils kurz definiert, ihre Bedeutung aufgezeigt und an einem Beispiel erläutert. Im Anschluss daran wird auf konkrete Strategien der LehrerInnensprache und Interaktionsgestaltung zur sprachlichen und diskursiven Unterstützung im inklusiven Unterricht eingegangen. Dies wird exemplarisch an konkreten Unterrichtsgegenständen der Fächer Deutsch, Mathematik und Sachunterricht illustriert. Den Abschluss des Kapitels bilden konkrete Anregungen aus der Sprachtherapie für die individuelle Sprachförderung oder die Sprachförderung in Kleingruppen für Lernende mit dem Förderschwerpunkt Sprache und Kommunikation.

5.1 Gestaltungsmittel der LehrerInnensprache zur Sprachförderung im gemeinsamen Unterricht

Jegliches Handeln der Lehrkraft ist nach Knoblauch (2013) kommunikativ und beteiligt mehrere Modalitäten in der Lehrkraft-Lernenden-Interaktion gleichzeitig (Kap. 2). Diese bieten jeweils unterschiedliche Möglichkeiten in ihrer kommunikativen Charakteristik, haben aber auch ihre Grenzen (Bezemer/Kress 2008, Kress 2010), was unter dem Aspekt der Sprachförderung im gemeinsamen Unterricht zu reflektieren ist.

Im Folgenden werden die verbalen, prosodischen und nonverbalen Mittel genauer betrachtet und Möglichkeiten ihres Einsatzes exemplarisch aufgezeigt. Dabei geht es auch darum, den eigenen Redeanteil zu reduzieren und insbesondere längere satzübergreifende Äußerungen der SchülerInnen zu initiieren.

TIPP

Benutzen Sie die folgenden Mittel bewusst, um mögliche Wirkungen auf alle vier Ohren zu reflektieren. Dadurch können Lernprozesse und authentische Redebeiträge bei den SchülerInnen initiiert und Teilhabe ermöglicht werden.

5.1.1 Verbale Mittel

Zu den verbalen Mitteln der Interaktionsgestaltung gehört der Einsatz von (Fach-) Wörtern (lexikalisch-semantische Mittel), gattungs- und diskursspezifischen Mustern des Satzbaus (syntaktische Mittel) sowie stilistischen und rhetorischen Mitteln. Die Mittel variieren in Abhängigkeit von dem jeweiligen Sprachregister (Kap. 2.2) und in Abhängigkeit von den Sprechakten (Kap. 4.2).

Lexikalisch-semantische Mittel

DEFINITION

Mit dem Begriff Lexikon wird der gesamte Wortschatz einer Sprache zu einem bestimmten Zeitpunkt bezeichnet. Die Semantik wird allgemein definiert als die Wissenschaft, die sich mit den Bedeutungen von sprachlichen Ausdrücken beschäftigt. Neben der Wortsemantik gibt es auch die Satz- und Textsemantik (Schwarz/Chur 1993).

Der Wortschatz ist kontext- und registerabhängig. So gibt es im alltagssprachlichen Register andere Wörter als im bildungssprachlichen und fachsprachlichen Register. Mit der Wortwahl gehen verschiedene Kommunikationsfunktionen einher.

BEISPIEL

Die alltagssprachliche Wortwahl einer Lehrkraft „Hier sieht es ja aus wie im *Saustall*" kann von den SchülerInnen, die mit dem Selbstoffenbahrungs-Ohr hören, als Ärgersignal gedeutet werden.
Jugendsprachlich rituelle Beschimpfungen wie „Alter" oder „Digga" müssen von der Lehrkraft nicht zwingend als aggressiv interpretiert werden. Vielmehr ist es schon bei GrundschülerInnen eher ein spielerischer Ritus, um sich gegenseitig zu bestätigen oder um Sprechpausen zu füllen.

Bedeutung in verschiedenen Sprachen

Die Wörter zweier Sprachen bilden oft nur eine Schnittmenge gemeinsamer Bedeutungen und Konnotationen. Gerade bei mehrsprachigen Lernenden können dadurch Probleme in der Kommunikation mit der Lehrkraft oder den Peers entstehen.

BEISPIEL

Emil sagt zu seinem türkischen Mitschüler Ömer: „Puh, da hast du aber echt Schwein gehabt". Ömer reagiert daraufhin aggressiv, weil er dieses alltagssprachliche Wort als Beschimpfung wahrgenommen hat. Im Deutschen bedeutet das Wort Schwein 'Tier, Nahrungsmittel, Schimpfwort, Glücksbringer', die Bedeutung des türkischen Wortes, domuz, für Schwein ist aber beschränkt auf 'Tier, Schimpfwort'.

TIPP

Wortbedeutungen können je nach Kontext, Kultur und Sprache variieren. Reflektieren Sie daher Ihre Wortwahl, insbesondere in der Kommunikation mit mehrsprachigen SchülerInnen!

Einführung neuer (Fach-)Begriffe

Werden im Fachunterricht neue Begriffe eingeführt, sollten deren Bedeutungen sowie inhaltliche Bezüge zu bereits bekannten alltagssprachlichen Begriffen explizit von der Lehrkraft hergestellt werden.

BEISPIEL

In der Unterrichts-Mitschau „Fossilien – Zeugen der Vergangenheit" der Ludwig-Maximilians-Universität München wird exemplarisch aufgezeigt, wie während eines Unterrichtsgesprächs zwischen Alltags- und Fachsprache differenziert werden kann. Es geht hier um die Frage, was mit Lebewesen nach deren Tod geschieht. Zunächst sagt ein Schüler, dass er das Wort nicht kenne, nach einer Zeitverzögerung fällt ihm „vergammeln" ein. Der Beitrag ist inhaltlich gut, aber nicht fachsprachlich. Also stimmt die Lehrerin zu, weist die SchülerInnen aber darauf hin, dass „vergammeln" aus dem Bereich der Alltagssprache stammt, und fordert sie auf, weiterzusuchen. Daraufhin fällt einem Schüler das Verb „verrotten" ein. Die Lehrkraft hebt die Richtigkeit der Antwort hervor, verweist jedoch darauf, dass man diesen Begriff meist im Zusammenhang mit Pflanzen, bspw. bei den Prozessen auf dem Kompost, nutzt. Einer Schülerin fällt der Begriff „zersetzen" ein, der durch „verwesen" ergänzt wird, was in diesem fachsprachlichen Zusammenhang angemessen ist.

unterschiedliche Deutungsrahmen

Die Rahmungen und Deutungen der SchülerInnen einerseits sowie die der Lehrkraft andererseits stimmen zunächst oft nicht überein (Krummheuer 1992). Die Lehrkraft zieht zur Deutung fachlicher Aspekte des Unterrichts Rahmungen aus ihrer fachwissenschaftlichen und didaktischen Interaktionspraxis hinzu. Die GrundschülerInnen ziehen ihre Rahmungen primär aus ihrem außerschulischen, familiären Umfeld. Diese unterschiedlichen Deutungsrahmen müssen von der Lehrkraft wahrgenommen und in der gemeinsamen Unterrichtsinteraktion mit den SchülerInnen angeglichen und ausgehandelt werden.

Syntaktisch-morphologische Mittel

DEFINITION

Morphologische Mittel beziehen sich auf Wortbildungsregeln der Deklination (Genus, Kasus, Numerus) und der Konjugation (Tempus, Person, Numerus, Modus, Genus verbi).

Syntaktische Mittel beziehen sich auf Satzbildungsregeln, z.B. die Verbstellung im Haupt- und Nebensatz (Linke et al. 2004).

Förderung der syntaktischen Entwicklung

Einige Kinder im Grundschulalter, insbesondere Kinder mit Sprachentwicklungsstörungen, nutzen verstärkt nonverbale Mittel und bilden oftmals nur einfache Hauptsätze. Die Lehrkraft kann die SchülerInnen gezielt im Erwerb der sprachlichen Form unterstützen (z. B. Verbendstellung im Nebensatz), indem sie diese im Diskurs nutzt.

BEISPIEL

Beim Argumentieren kann die Lehrkraft durch die Etablierung eines sprachlich-kommunikativen Zugzwangs die Kinder unterstützen, Nebensatzkonstruktionen mit *weil, aber* etc. zu bilden. Bezieht ein/e SchülerIn Position: „Ich will Feuerwehrmann werden.“, fragt die Lehrkraft nach und fordert Begründungen ein: „Wieso willst du denn...?“ (Kap. 4.2). Sie evoziert damit die Antwort: „weil ich ...“.

verbale Impulse

Durch die gezielte und wiederholte Präsentation einer sprachlichen Zielstruktur gelingt es den SchülerInnen besser, diese Zielstruktur in ihr sprachliches Repertoire zu übernehmen (Achhammer/Reber 2014).

Impulsfragen steigern in hohem Maße die mündliche Beteiligung der SchülerInnen, während die Lehrkraft parallel dazu eigene Sprechanteile reduziert. Die stärkere SchülerInnenbeteiligung eröffnet wiederum die Möglichkeit für vermehrtes korrektives Feedback (s. Kap. 5.2).

BEISPIEL

Den SchülerInnen wird eine Zeichnung präsentiert, die zwei Kinder zeigt, die sich mit weit geöffneten Mündern anschreien, erbost die Fäuste ballen und offensichtlich weinen. Die sprachliche Zielstruktur, die eingeführt werden soll, ist die Verbendstellung im subordinierten Nebensatz mit *weil*. Die Lehrkraft setzt den folgenden Impuls: “Was kann da passiert sein? Hmm, vielleicht das? Die beiden haben sich gestritten, weil Susi Tom bei der Mutter verpetzt hat. Oder was meint ihr? Die beiden haben sich gestritten, weil...”. Jetzt wartet die Lehrkraft auf SchülerInnenantworten – die sich an der Stelle parallel auch durch den nonverbalen Impuls des Augenbrauen-Hochziehens initiieren lassen. Im Sinne der Inputspezifizierung kann der verbale Impuls “Die beiden streiten sich, weil...” mehrfach geäußert werden, um die Zielstruktur vermehrt anzubieten und die Antworten der SchülerInnen gegebenenfalls zu modellieren (Achhammer/Reber 2014).

Reber und Schönauer-Schneider (2018) empfehlen, die durch den gegebenen Impuls entstandenen SchülerInnenäußerungen zu sammeln, ohne diese sofort inhaltlich zu werten. Die Lehrkraft kann die Äußerungen der Kinder ggf. auf unterschiedliche Art und Weise modellieren (Kap. 5.2). Durch ein freundliches Lächeln und Nicken kann die Wertschätzung für die Antwort des Kindes zum Ausdruck gebracht werden.

Link-Tipps zum Weiterlesen finden Sie im ***Onlinematerial.***

5.1.2 Paraverbale / prosodische Mittel

DEFINITION

Mit den prosodischen Mitteln wird weniger auf das, *was* gesagt wird, sondern vielmehr darauf, *wie* etwas gesagt wird, verwiesen.

Variationen der Stimme begleiten die Sprache, unterstreichen deren Bedeutung, strukturieren das Gesagte, modifizieren oder konterkarieren es sogar. Zu den Parametern der Prosodie gehören die Lautstärke, die Tonhöhe, die Lautdauer, die Sprechpausen, die Stimmqualität, der Akzent, die Intonation, das Sprechtempo und der Sprechrhythmus (Miosga 2006).

Selbstpräsentation

In der zwischenmenschlichen Kommunikation ist Prosodie – neben verbalen und nonverbalen Gestaltungsmitteln – ein Teil der Selbstpräsentation. Das Zusammenwirken verbaler, nonverbaler und prosodischer Ausdrucksgestaltung bestimmt letztlich, als wie eindringlich, engagiert, überzeugend, glaubwürdig, sicher etc. eine Lehrkraft wahrgenommen wird.

Prosodische Mittel wirken unbewusst in der Unterrichtsinteraktion und werden von den SchülerInnen häufig auf dem Beziehungs-Ohr gehört (Abb. 3, Kap. 2.1, Kap. 3.1). Hier bedarf es einer reflektierten Auseinandersetzung, z. B. über videobasiertes kollegiales Feedback (Kap. 3.4).

Wird oft mit viel Kraft und Spannung gesprochen, kann die betreffende Lehrkraft „gereizt, beunruhigt und auffordernd“ auf die SchülerInnen wirken (Geißner 1985, 112).

Diese Spannung überträgt sich durch den funktionellen Nachvollzug und die Bewegungssynchronisation auch auf die Lernenden.

DEFINITION

funktioneller Nachvollzug

Der *funktionelle Nachvollzug* beschreibt Übertragungsprozesse muskulärer Bewegungsabläufe der Atem-, Stimm- und Artikulationsmuskulatur von Sprechenden zu Hörenden, die zu einem unbewussten Mit- bzw. Nachvollziehen sprecherInnenseitiger Spannungs- oder Überspannungszustände bei den Hörenden führen (Eckert / Laver 1994).

Bei den SchülerInnen kann dies zu Räusperreaktionen oder Schmerzempfinden im Kehlkopfbereich bis hin zu Ablehnung und Abwehr der Lehrkraft führen. Ptok (1991, 143f.) beschreibt unterschiedliche Reaktionsweisen von SchülerInnen in Bezug auf einen durch muskuläre Überspannung geprägten Sprechstil der Lehrkraft.

- Empathisch-autoaggressive SchülerInnen übernehmen den Sprechstil im geäußerten Nachvollzug oder im stillen physiologischen Mitvollzug. Durch ein sozialisiertes Schuldbedürfnis fühlen sie sich als Verursacher der Überspannung und identifizieren sich mit dem Aggressor.
- Empathisch-fremdaggressive SchülerInnen (ver)wenden den Sprechstil *gegen* die Lehrkraft, indem sie diesen echolalieren und ihm damit seine Überspannung spiegeln.
- Ich-stabile, distanzierte SchülerInnen entziehen sich dem physiologischen Nachvollzug durch Nebenkommunikation oder Störlärm. Diese Nebenbeschäftigungen können sich zur aktiven, wenn auch unbewussten Abwehr steigern. Auf die erhöhte Lautstärke reagiert die Lehrkraft wiederum mit erhöhter stimmlicher Anstrengung. Das hat auf Dauer einen gepressten, verhauchten oder heiseren Stimmklang oder im Extremfall einen Stimmverlust der Lehrperson zur Folge.

Stimmfunktion

Um eigene spannungsvolle Einstellungen wahrzunehmen, sind Kenntnisse zur physiologischen Stimmfunktion sinnvoll (weitere Hinweise finden sich am Ende des Kapitels und Links zum Weiterlesen im Onlinematerial).

Variation der Prosodie

Der bewusste Einsatz prosodischer Mittel kann für unterschiedliche kommunikative Wirkungen sensibilisieren und beugt Stimmstörungen vor. Eine individuelle Variation der Ansprache kann einzelne SchülerInnen unterstützen. Nach Ulrich (2012) kann die Lehrkraft z. B. durch Betonung, Reduktion des Sprechtempos neue Wörter hevorheben, da Kinder mit einer Sprachentwicklungsstörung in ihren Speicher- und Verarbeitungskapazitäten Einschränkungen aufweisen und somit die Verarbeitung (des Gehörten) und die Einspeicherung neuer Wörter erschwert ist.

Lautstärke Um auch die SchülerInnen in den hinteren Reihen akustisch zu erreichen oder um gegen den allgemeinen Geräuschpegel im Klassenzimmer anzusprechen, ist das Lautstärkelevel der Lehrkraft z. T. sehr hoch. Der erhöhte Lautstärkepegel in der Klasse hat jedoch nach Lindner (1977) nicht notwendigerweise Auswirkungen auf die Lernprozesse bei den SchülerInnen. Je nach Interesse und Beziehung zur Lehrkraft können die Lernenden den Störschall unterdrücken und ihre Aufmerksamkeit selektiv auf das richten, was gesagt wird. Die erhöhte Lautstärke in der Klasse signalisiert eher Distanz und Desinteresse an der Lehrperson und den Lerninhalten. Die Lehrkraft reagiert darauf unbewusst mit noch höherer Lautstärke und erhöhter Stimmlage: Je lauter die Klasse, desto lauter die Lehrkraft.

TIPP

Nutzen Sie verschiedene Positionen im Raum, um einzelne SchülerInnen oder Gruppen anzusprechen und zu unterstützen sowie um die Lautstärke zu variieren. Auch Gesprächsregeln (Kap. 4.1 und 4.3) verhindern den Prozess des Hochschaukelns des Lautstärkelevels.

Höhere Lautstärke erreicht man durch erhöhten Atemdruck und größere Anspannung der Stimmlippen. Oftmals führt die Lautstärkeerhöhung auch zu einer Tonerhöhung wie z. B. beim Rufen über weite Entfernung auf dem Sportplatz oder Schulhof. Es ist also eine sehr spannungsvolle Einstellung, die, wenn sie konstant angewendet wird, unphysiologisch ist.

TIPP

Versuchen Sie Lautstärke nicht mit Kraft und erhöhter Spannung herzustellen, sondern durch Bereitstellen von Resonanzräumen und die Dosierung des Atemdrucks: beim Pfeifen, als wollte man einen Hund herbeiholen, merken Sie, wie genau Sie den Atemdruck dosieren können. Wenn Sie während des Gähnens "Hallo" rufen, beziehen Sie Nasenresonanz ein, ebenso wenn Sie mit hängendem Kiefer die Vibration beim Klingenlassen von /ng/ (wie in Inge) erfühlen und beim Sprechen beibehalten. Lassen Sie in dieser Einstellung die Vokale klingen, sie erfüllen ihre Funktion als Tonträger, ohne dass Sie sich anstrengen müssen.

Lautstärkenvariation Die Sprechwirkung des Parameters Lautstärke ist unterschiedlich: Sie kann den/die SprecherIn als dynamisch und bestimmt, selbstsicher und engagiert auszeichnen, sie kann aber auch als dominant, drohend oder aggressiv empfunden werden. Eine Erhöhung der Lautstärke kann Aufmerksamkeit erhalten oder hervorrufen. Sie kann aber auch ein Signal zur Rederechtsicherung und Unterbrechungsabwehr sein, auf das die Lehrkraft im Dialog mit den SchülerInnen sensibel reagieren kann.

Ein durchgängig hohes Lautstärkelevel kann auch den gegenteiligen Effekt erzielen, die Zuhörenden schalten ab.

TIPP

Um die Aufmerksamkeit bei den SchülerInnen aufrechtzuerhalten, ist also eine Lautstärkenvariation vonnöten, die hilft, Wichtiges von Unwichtigem zu unterscheiden, die Rede zu strukturieren, die SchülerInnen zu involvieren und die Ansprache zu variieren.

Versuchen Sie die Sprechgestaltung und die Stimmen ihrer SchülerInnen nicht auf der Grundlage ihres eigenen kulturellen, häufig mittelschichtsorientierten Habitus zu beurteilen (lautes Level = aggressiv) und nicht in Defizitkategorien, sondern nach funktionalen, kontextabhängigen Ressourcen zu betrachten.

Positiver Umgang: Der/die SchülerIn mit der klangvollen lauten Stimme kann alle zusammenrufen oder kann die Gruppe anspornen.

TIPP

Damit können Sie allen SchülerInnen oder SchülerInnengruppen den Zugang zu Lerngelegenheiten eröffnen (Miosga 2014).

Stimmlage

Die durchschnittliche Tonhöhe beim Sprechen bestimmt die Stimmlage.

Eine **hohe Stimmlage** kann Engagement, Erstaunen, Erregung aber auch Anspannung, Unsicherheit und Aufdringlichkeit signalisieren.

Eine **tiefe Stimmlage** kann beruhigend wirken. Sie wird häufig mit Kompetenz, Autorität und Dominanz verbunden, mag jedoch auch drohend wirken (Garcia 2012).

Während eine **breite Variation** der Tonhöhe häufig als Zeichen von Lebendigkeit und Engagement interpretiert wird, ist eine **schmale Variation** eher ein Zeichen von Gleichgültigkeit und Langeweile, was zu Monotonie führen kann. Es kann jedoch auch auf Sachlichkeit schließen lassen.

DEFINITION

Artikulation/ Lautdauer

Die Lautdauer beschreibt die zeitliche Ausdehnung der Laute. Eine gesteigerte Lautspannung und eine größere Präzision der Artikulationsbewegung benötigen eine längere Lautdauer. Betonte Silben haben eine längere Dauer als unbetonte, da hier Verkürzungen, reduzierte Bewegungsabläufe oder Spannungsreduzierungen eintreten.

Präzise Artikulation erfordert eine größere Exaktheit der Artikulationsbewegung und braucht in der Regel mehr Zeit. Die Lautdauer bestimmt das Sprechtempo und umgekehrt beeinflusst das Sprechtempo auch die Lautdauer.

Deutlichkeit

Je schneller und je unbetonter gesprochen wird, desto eher verschmelzen Satzglieder. Die Lautdauer beeinflusst also das Deutlichkeitsniveau. Eine deutliche Artikulation wird durch eine gespannte Lautung der Konsonanten erreicht. Höchste Deutlichkeit erreicht man durch eine zusätzliche Längung der Vokale. Bei einer nachlässigen Artikulation, dem *Nuscheln*, kann es zu Konsonant- und Vokalverkürzungen kommen. Vokale werden mit flachen Lippen und schmaler Mundöffnung gebildet, häufig werden Endsilben verschluckt.

TIPP

Stellen Sie sich einmal die folgenden beiden Fragen:

- Bitten mich andere öfter, mein Gesagtes noch einmal zu wiederholen?
- Sagen mir andere, dass ich öfter nuschele?

Lautet die Antwort auf die obigen Fragen „Ja", bietet sich diese Übung an: Nehmen Sie einen Weinkorken und legen sich diesen horizontal locker zwischen die Schneidezähne. Beißen Sie nicht fest darauf, sonst verspannen sich Ihre Artikulationsorgane. Nehmen Sie sich einen Text zur Hand und lesen diesen ca. 20 Sekunden lang laut mit übergroßen Artikulationsbewegungen, damit man Sie besonders gut verstehen kann. Entfernen Sie den Korken und lesen Sie den Text erneut. Welche Unterschiede stellen Sie fest?

Auswirkungen geringer Deutlichkeit

SchülerInnen mit Sprachentwicklungsstörungen haben oftmals auch Probleme in der auditiven Merkfähigkeit oder mit ihrem generellen Sprachverständnis (Cholewa/Siegmüller 2017). Sie profitieren daher sehr von einer verständlichen Aussprache der Lehrkraft, die von einem gemäßigten Sprechtempo, adäquater Sprechlautstärke, korrekter Lautrealisation und damit hoher Verständlichkeit geprägt ist.

TIPP

Falls Sie zu den SprecherInnen gehören, die gewohnheitsmäßig mit einem Lächeln und geschlossenen Zähnen sprechen, achten Sie darauf, dass der Kiefer locker hängt und beim Sprechen nicht mitarbeitet: Sprechen Sie den Satz „Alle Leute lachen" vor dem Spiegel und beobachten Sie dabei die Zungenbewegungen. So erreichen Sie eine resonanzreiche und deutliche Aussprache.

DEFINITION

Sprechpausen

Bei Sprechpausen handelt es sich um Unterbrechungen der Phonation.

Sie werden vom Sprechenden benötigt, um zu atmen. Durch eine Sprechpause kann Verlegenheit oder die Hoffnung, der andere möge sprechen, zum Ausdruck gebracht werden. Eine lange Pause kann unter Umständen als *Nicht-Sprechen-Wollen* gedeutet werden. Gleichwohl kann die **Pausenart und -häufigkeit** Ausdruck emotionaler oder kognitiver Prozesse sein.

BEISPIEL

Sprechängstliche Personen machen mehr **gefüllte Pausen** (durch „Ähs" und ihre Varianten) als Nichtsprechängstliche. Dabei handelt es sich um akzeptierte Fülllaute, die der Spannungsabfuhr, der Unterbrechungsabwehr und/oder der Verarbeitung von kognitiven/psychischen Prozessen dienen. Sie können aber auch Ausdruck mangelnder Redeerfahrung sein. Ihnen werden oftmals negative Persönlichkeitsattribute zugeschrieben. Dagegen werden SprecherInnen, die grundsätzlich weniger kurze und **leere Pausen** machen, häufiger als dynamisch, kompetent und vertrauenswürdig beurteilt.

Die Interpretation der Pausengestaltung ist stark abhängig vom sprachlichen, situativen und interpersonellen Kontext. Je nachdem, in welcher Umgebung die leere Pause produziert wird, dient sie auch der Gliederung und Strukturierung des Gesagten.

BEISPIEL

Mit dem sprachförderlichen Einsatz von Sprechpausen zwischen Sinneinheiten kann die innere kognitive Struktur durch atemfragmentiertes Sprechen verdeutlicht werden (kognitives Modellieren, Kap. 5.2.3). Die Präsentation der offenen, leeren Pause ist insbesondere für SchülerInnen sinnvoll, die stottern, um ein entspannteres Modell für den funktionellen Nachvollzug anzubieten.
Für DaZ-Lernende oder Kinder mit Sprachentwicklungsstörungen kann hingegen vor und/oder nach dem wichtigen Zielwort bzw. -laut der Sprechfluss durch eine kurze, aber deutliche Pause unterbrochen werden. Damit wird die Aufmerksamkeit auf das sprachliche Ziel gelenkt. Je nach Setzen der Pause im Satz kann der Informationsschwerpunkt somit bewusst auf unterschiedliche hervorzuhebende Elemente gelegt werden (Reber/Schönauer-Schneider 2018, Eiberger/Hildebrandt 2014).
Das * Quadrat hat vier gleichlange Seiten. (* = Pause)
Das Quadrat hat vier * gleichlange Seiten.

DEFINITION

Stimmqualität Stimmklang, Klangfarbe, Stimmeinsatz und -absatz sowie Stimmregister (z.B. Kopf- und Bruststimme) bestimmen die generelle Stimmqualität.

Ein klarer Stimmklang ist dabei für die physiologische Funktion am ökonomischsten. Er wird jedoch nur von wenigen Menschen ständig eingehalten.

Der Wechsel von Stimmklängen kann zur Strukturierung von Inhalten eingesetzt werden, gemeinsame oder individuelle SchülerInnenansprache oder den Sprechenden-Hörenden-Wechsel markieren, z.B. durch knarrende oder behauchte Anteile im Stimmklang am Ende von Aussagen.

Rauhe, gepresste oder flüsternde Stimmklänge können situativ eingesetzt besondere Aufmerksamkeit herstellen oder Stimmungen markieren, führen aber als konstanter Sprechstil zu Überlastung und Heiserkeit.

TIPP

SchülerInnen schätzen Lehrkräfte mit behauchten Stimmklängen oftmals als wenig präsent und schüchtern ein. Eine präsente gemeinsame Aufmerksamkeit ist damit nur durch Stimmklangwechsel möglich.

DEFINITION

Akzent

Mit dem Akzent werden Sinninhalte betont und die Aufmerksamkeit auf diese gelenkt.

Dies geschieht dadurch, dass die Akzentsilbe im Allgemeinen etwas höher, lauter und gegebenenfalls gedehnter, langsamer sowie mit veränderter Klangfarbe gesprochen wird. Durch gehäufte oder starke Betonungen kann dem Gesagten besonderer Nachdruck verliehen werden (dynamischer Akzent). Durch Akzentverschiebungen kann immer wieder erneut Aufmerksamkeit hergestellt werden. Zugleich erfüllen Akzentverschiebungen eine Appellfunktion.

Eiberger und Hildebrandt (2014) betonen, dass von der Lehrkraft eingesetzte sprachliche Marker, wie der Akzent, den SchülerInnen bei dem Einspeichern und Abruf von Begriffen Unterstützung bieten. Die Lehrkraft sollte sich demzufolge Gedanken um die Betonung von neu zu erlernenden Wörtern in einem Satz machen und diese besonders betonen.

DEFINITION

Intonation

Mit dem Begriff Intonation wird der Tonhöhenverlauf einer Äußerung bezeichnet, also die Sprechmelodie.

Die Intonation kann bewusst zur Betonung und Phrasierung einer Äußerung eingesetzt werden und durch ihre gliedernde Funktion das Sprachverständnis unterstützen.

Die Sprechmelodie am Ende von Äußerungen hat eine wichtige Funktion. **Fallende Tonhöhenverläufe** wirken abschließend (z. B. am Ende eines Aussagesatzes), **steigende Tonhöhenverläufe** wirken auffordernd (z. B. zur Kennzeichnung einer Frage) und **gleichbleibende Tonhöhenverläufe** signalisieren, dass der Redebeitrag noch nicht beendet ist. Hierbei bleibt eine innere Anspannung bei den SchülerInnen, bis die Tonhöhe gesenkt wird. Geißner (1985) betont, dass die gleichbleibenden Intonationsmuster mit steigenden Tonhöhen vieler Lehrkräfte auf der Apellebene auffordernd und auf der Selbstkundgabeebene angespannt bis gereizt wirken können.

DEFINITION

Sprechtempo

Das Sprechtempo wird über die Anzahl produzierter Silben pro Minute/pro gesamter Sprechzeit ermittelt. Bei Sprechenden der deutschen Sprache variiert es zwischen 100 und 400 Silben pro Minute (Fährmann 1982, 148).

Nach einer Untersuchung von Scherz-Schade (2004) ist im Vergleich zu den letzten 70 Jahren eine Zunahme der Sprechgeschwindigkeit um 50 Silben mehr pro Minute zu verzeichnen, die mit einem verkürzten Pausenzeitanteil einhergeht.

Je kürzer bzw. seltener Pausen ausfallen, desto höher erscheint die Sprechgeschwindigkeit, je länger die Lautdauer und je präziser die Artikulationsbewegungen, desto langsamer erscheint das Sprechtempo.

Ein **schnelles Sprechtempo** geht mit erhöhter physischer und psychischer Spannung einher und signalisiert Angst, gefolgt von Freude und Ärger. Dabei kommmt es jedoch häufiger zu Vokalverkürzungen oder dem Verschlucken von Silben. Ein langsames Sprechtempo geht mit reduzierter Artikulations- und Körperspannung einher, dadurch wird Traurigkeit oder Langeweile signalisiert.

Die Empfindung des Sprechtempos ist dabei stark kontext- und personenabhängig.

TIPP

Denken Sie einmal darüber nach, ob Sie sich eher als SchnellsprecherIn oder LangsamsprecherIn bezeichnen würden (Abb. 6)? Je nachdem, mit welchem Tempo Sie sich eher identifizieren, werden Sie mit langsamem oder schnellem Sprechen eher negative bzw. positive Effekte verbinden.

Langsames Tempo kann positiv als erholsam, entspannend, stimmungsvoll oder feierlich wahrgenommen werden. Negativ kann es als eintönig, starr oder langweilig interpretiert werden. Positive Assoziationen zu schnellen SprecherInnen lauten temperamentvoll, aktiv oder zielstrebig. Negative Zuschreibungen sind unzuverlässig, launisch, nervös, ruhelos.

TIPP

Achten Sie auf die Auswirkungen Ihres Sprechtempos in verschiedenen Situationen und reflektieren Sie die verschiedenen Möglichkeiten der Interpretation auch durch die SchülerInnen und ihre kulturellen oder familialen Wahrnehmungsmuster.

Von einem langsameren Sprechtempo profitieren Kinder mit Hörstörungen, Sprachentwicklungsstörungen, ZweitsprachlernerInnen und bei komplexerem Inhalt oder Hintergrundgeräusch alle SchülerInnen. Dies gilt auch für eine bewusste kontext- und inhaltsabhängige Variation des Sprechtempos.

Lehrkräfte, die noch viel Inhalt in eine Stunde packen wollen, sprechen oft zum Ende der Stunde wesentlich schneller. Dies kann den inhaltlichen Verstehensprozess stören. Erkennen Sie sich wieder?

DEFINITION

Sprechrhythmus

Mit dem Sprechrhythmus ist die zeitliche Gliederung der gesprochenen Sprache gemeint. Er ergibt sich aus der regelmäßigen Wiederkehr von Bewegungen der Atemmuskulatur, die ihren Ausdruck in der zeitlichen Abfolge von betonten und unbetonten Silben findet.

Der Sprechrhythmus erleichtert die Sprachverarbeitung. Zur gezielten Sprachförderung im Unterricht hat sich der Einsatz von Musik bewährt. Singen und rhythmisches Sprechen – dazu gehört der Rap, der einen besonders hohen Aufforderungscharakter für GrundschülerInnen hat – trainieren die Aussprache und erweitern den Wortschatz. Häufige Wiederholungen sorgen für spielerisches Üben. Grammatische Strukturen und Satzkonstruktionen können mit interaktiven Sprachförderliedern spielerisch eingeübt werden. Im Tanz können Kinder zunächst auch sprachfrei agieren und dennoch kommunizieren, indem sie über das aufmerksame Wahrnehmen Sprache *auffangen*.

BEISPIEL

Im Deutschunterricht kann das Bilderbuch „Paulas Reisen" von Paul Maar und Eva Muggenthaler eingesetzt werden. Nach einer Phase des ausführlichen, dialogischen Vorlesens (Kap. 4.2) kennen alle Kinder den Inhalt und können ihn auch selber nacherzählen. Paula träumt in dem Buch davon, dass sie in nur einer einzigen Nacht in vier verschiedene Traumländer fliegt. Überall wird sie „erfasst und der Gegend angepasst", was Paula überhaupt nicht gefällt. Das erste Land ist „Das Land der bunten Kreise" – und dort ist alles rund ...

Die Kinder gehen nun zu zweit auf Fotosafari und suchen im Schulhaus und auf dem Schulhof nach runden Gegenständen. Sie finden viele: Mülleimer, Feuermelder, Kanaldeckel, Bommel auf verschiedenen Strickmützen im Winter. Wieder im Klassenraum fragt die Lehrkraft: „Und wie heißen all diese Dinge? „Mülleimer" kennen die meisten Kinder, aber Begriffe wie Türknauf oder Thermostat? Auf die Melodie von „Grün, grün grün, sind alle meine Kleider" wird gemeinsam das Lied „Rund, rund, rund, ist meine ganze Welt hier" gesungen – ein Lied für viele runde Dinge

(Jeschonnek 2018). Jedes Kind darf einmal der/die SolistIn sein und fügt seinen/ihren Lieblingsgegenstand mit dem passenden Artikel ein.

Zum Weiterlesen zu den prosodischen Mitteln mit vielen konkreten Beispielen: Miosga, C. (2006): Habitus der Prosodie, Peter Lang, Frankfurt a.M.

Ein Video zum Einsatz multimodaler Gestaltungsmittel in der Interaktion finden Sie auf dem OER-Portal Niedersachsen: Multimodale Gestaltungsmittel in der Interaktion: Parameter der Prosodie 1 und 2

Links zum Weiterlesen finden Sie im **Onlinematerial**.
Garcia, I. (2012): Youtube-Video: Welche Stimme ist überzeugend? Link s. **Onlinematerial***)*
Video zu Ausspracheförderung im Unterricht auf dem Youtube-Kanal **sprachfertig** *(Link s.* **Onlinematerial***)*

Hinweise zur physiologischen Stimmfunktion:
Tesche, B. (2012): Stimme und Stimmhygiene. Ein Ratgeber zum Umgang mit der Stimme. Schulz Kirchner, Idstein
Die Stimme (DVD) – Einblicke in die physiologischen Vorgänge beim Singen und Sprechen, Helbling Verlag, 2017 (Link zu Youtube-Video s. **Onlinematerial***)*

Apps zum Training der Stimmfunktion:
- *Stimmtrainer. Sprechen wie der Profi, Campus Verlag, 2014 (App Store)*
- *Wipprecht, J. (2017): Besser Sprechen 3. Professionelle Sprachübungen (App Store, Google Play)*
- *Poschmann, F.-P. (2019): VocalWarmUp. Grooviges Einsingen (App Store)*
- *Amon, I. (2017): Meine Stimme – mein Erfolg, Aumeyer Druck und Verlag (App Store, Google Play)*

5.1.3 Nonverbale Mittel

Zu den nonverbalen Gestaltungsmitteln gehören die Regulation von Nähe und Distanz (Proxemik), die Orientierung, die Position im Raum, der Blickkontakt, die Mimik, die Gestik, die Körperspannung (Tonus) und die Haltung.

Nähe Die Lehrkraft-SchülerInnen-Beziehung ist geprägt von der Balance zwischen psychischer wie physischer Nähe und Distanz.

Emotionales Engagement und Nähe sind der Motor und die Basis des Lernens und für die Herstellung von Gemeinsamkeit.

Es werden vier verschiedene Distanzzonen unterschieden:

- Der Abstand zwischen zwei Menschen in der Intimzone beträgt höchstens 50 Zentimeter. Nur Menschen, die einem im wahrsten Sinne des Wortes sehr nahe stehen, gelangen in diese Zone (Haslhofer 2001).
- In der persönlichen Zone beträgt der Abstand zwischen 50 bis 120 Zentimetern. Alle Menschen, mit denen wir gerne kommunizieren und mit denen uns ein herzliches Verhältnis verbindet, werden hier toleriert.
- In der sozialen Zone wird ein Abstand von 1,2 bis zu 3,5 Metern für Kontakte oberflächlicher Art, zum Beispiel ein Gespräch auf dem Pausenhof, gewahrt.
- In der öffentlichen Zone beträgt der Abstand zwischen Personen mehr als 3,5 Meter. Dies ist z.B. der Fall, wenn eine Lehrkraft beim Frontalunterricht vor der Klasse spricht.

Die Proxemik kann als didaktisches Mittel der Differenzierung eingesetzt werden. Dabei ist es wichtig, Unterschiede im persönlichen und insbesondere im kulturellen Distanzbedürfnis der SchülerInnen zu achten.

BEISPIEL

In einigen Kulturen sind manche Berührungen unerwünscht, in anderen aber zulässig (z.B. Händchenhalten). Gleiches gilt für die Berührung bestimmter Körperregionen. In Südostasien gelten Berührungen am Kopf eines Kindes als Tabu, da dies dessen Seele verletzt. In Deutschland hingegen ist so ein Körperkontakt vollkommen legitim. Für eine erfolgreiche interkulturelle Kommunikation ist es wichtig, kulturbedingte Tabus zu kennen (Payer 2000).

Position im Raum

Der Unterrichtsraum wird von Lehrkräften bewusst oder unbewusst als wichtige Ressource bei der Unterrichtsstrukturierung genutzt. SchülerInnen können z.B. an der Art des Ganges der Lehrkraft oder an ihrer Position im Raum erkennen, ob ein Thema abgeschlossen ist und/oder etwas Neues beginnt. Videoanalysen zeigen, dass LehrerInnen unbewusst, aber systematisch Neu-Positionierungen nutzen, um Gelenkstellen im Unterrichtsverlauf für die SchülerInnen transparent zu machen (Putzier 2012, Putzier 2016).

TIPP

Eine praktische Videoreflexionsübung kann darin bestehen, die unterschiedlichen Bedeutungen verschiedener Positionierungen der Lehrkraft im Klassenzimmer zu verdeutlichen. So kann man reflektieren, in Bezug auf welche unterrichtsrelevanten Aspekte sich die jeweiligen Positionierungen der Lehrkraft unterscheiden (Kap. 3.4).

Mit der frontalen Position vor der Klasse kann eine gemeinsame Fokussierung auf die Lerninhalte erreicht werden. Die Lehrkraft sollte dabei darauf achten, dass alle SchülerInnen die Möglichkeit haben, sie zu sehen (Schmitt/Weiß 2004) und sie selbst Blickkontakt zu allen aufnehmen kann.

Ein fester Stand ist sowohl für die eigene Stimm- und Atemfunktion sinnvoll als auch für die psychophysische Übertragung von Ruhe auf die SchülerInnen. Unruhiges Hin- und Hergehen der Lehrkraft oder auch unbewusst rhythmische Bewegungen der Beine und/oder Füße können im Gegenzug Nervosität übertragen, zur Ablenkung der SchülerInnen führen (Schmitt/Weiß 2004) und das Sprachverstehen erschweren (Reber/Schönauer-Schneider 2018).

Bewusste und gezielte Positionswechsel können den SchülerInnnen einen Wechsel der Aktivitätsstruktur und der Lernmethode anzeigen. Die Positionierung am Gruppentisch oder bei einzelnen SchülerInnen ermöglicht die Beziehungsaufnahme und individuelle Unterstützung.

Es macht einen großen Unterschied, ob sich die Lehrkraft den zu unterstützenden Lernenden nähert oder ob sie die Unterstützung aus ihrer frontalen Position vom Pult aus realisiert. Auch die Positionierung neben, hinter oder gegenüber den Lernenden, ob sie dabei aufrecht steht, sich vorbeugt oder hinkniet, ist relevant für die Wahrnehmung der individuellen Unterstützung als gezielt und wertschätzend (Schmitt/Putzier 2017).

DEFINITION

Mimik Mit dem Begriff Mimik werden sichtbare Bewegungen der Gesichtsoberfläche bezeichnet. Der Gesamteindruck (z. B. Freude, Überraschung, Missbilligung) entsteht zumeist aus einzelnen mimischen Facetten, da die einzelnen Bewegungen der Gesichtsmuskulatur in Sekundenbruchteilen ablaufen (Payer 2000).

Die Mimik der Lehrperson kann entweder für sich sprechen oder sprachbegleitend eingesetzt werden (Ruppert/Schönauer-Schneider 2008). Während die *sprachbegleitende* Mimik zum Verständnis des Gesprochenen beiträgt, ersetzt die *eigenständig angewendete* Mimik das Wort lediglich bzw. steht für sich.

Als *sprachfreier Einsatz von Mimik* gilt zum Beispiel ein überraschter Gesichtsausdruck beim Erlangen neuer Erkenntnisse. Auch das Stirnrunzeln kann eine eigenständige Mimikäußerung sein. Diese signalisiert z. B., dass man anderer Meinung ist als der/die SprecherIn.

BEISPIEL

Sprachbegleitend könnte das Gesicht der Lehrkraft auch Freude ausdrücken, indem die SchülerInnen sehen, dass sich begleitend zu der schönen Nachricht, dass der nächste Wandertag in den Zoo geht, ihre Stirn entspannt, sich Lächelfalten bilden und ihre Mundwinkel nach oben gehen. Es könnte aber auch sein, dass die Lehrkraft nicht gerne in den Zoo geht, weil sie die Bedingungen der Tierhaltung ablehnt oder Angst vor Tigern hat. In diesem Fall wird sie zwar versuchen, die freudige Nachricht auch mit der entsprechenden Intonation zu transportieren. Ihre Mimik wird sie aber verraten, indem das Gegenteil von Freude über die Gesichtsmuskulatur ausgedrückt wird.

Der Einsatz von Mimik kann das Sprachverständnis unterstützen, allerdings nur dann, wenn die sprachlichen Äußerungen auch im Einklang mit den tatsächlichen Empfindungen und Überzeugungen stehen (*Kongruenz*).

Die Mimik stellt zudem ein kommunikationsförderndes Mittel dar, weil diese von sprachbeeinträchtigten Kindern besonders intensiv wahrgenommen wird (Reber/Schönauer-Schneider 2018).

DEFINITION

Gestik

Mit dem Begriff Geste werden kommunikativ intendierte Bewegungen des Körpers, insbesondere der Arme und Hände, bezeichnet.

Redebegleitende Gesten sind ein integraler Bestandteil des Sprechens und der Sprache. Gesten können das Geäußerte näher bestimmen, ergänzen oder vollständig ersetzen und erlauben es den Sprechenden, räumliche Verhältnisse abzubilden, Gegenstände zu visualisieren oder Handlungen nachzuahmen. Dabei fungieren menschliche Gesten als direkt beobachtbarer Zugang zu unseren bildlichen und räumlichen Vorstellungen.

Es lassen sich fünf verschiedene Arten von Gesten unterscheiden:

- Adaptoren stehen für Handlungen mit unbeabsichtigter Aussagekraft (z. B. Kratzen, Lippen lecken);
- Embleme umfassen kulturell erlernte und bewusst gesteuerte Handlungen (z. B. Daumen hoch als Okay-Geste, Nicken als Zustimmung);
- Affektäußerungen spiegeln den Gemütszustand des Sprechenden wider (z. B. Gähnen als Ausdruck von Langeweile);
- Illustratoren sollen die visuelle Aufmerksamkeit erreichen oder das Gesprochene veranschaulichen (z. B. das Zeigen auf Objekte);
- Regulatoren steuern den Interaktionsfluss (z. B. sich ändernde Augenbewegung kann signalisieren, dass der Sprechende weitersprechen möchte) (Han 2004, 68-70).

Lehrkräfte setzen Gesten meist redebegleitend ein (McNeill 1992). Insbesondere bei SchülerInnen, die Deutsch als Zweitsprache erwerben oder einen Förderschwerpunkt im Bereich Sprache und Kommunikation haben, können sie verständnissichernd wirken. Die gestische und spielerische Darstellung, die den Sinn des Gesagten so weit wie möglich *redundant* vermittelt, d. h. gleichzeitig auf der verbalen wie auf der nonverbalen Ebene mitteilt, stellt in Verbindung mit der sprachlichen Äußerung eine wirksame Lernsituation dar. Über die aussagekräftige Gestik wird die Bedeutung des Gehörten andeutungsweise verstanden und allmählich auch ohne die spielerische Geste verständlich sein.

Gesten können sprachliche Äußerungen ersetzen, z. B. im Falle pantomimischer Darstellungen oder bei der Verständigung mit *Händen und Füßen*, wie sie bisweilen mit fremd- oder mehrsprachigen SchülerInnen oder SchülerInnen mit Hörbeeinträchtigungen notwendig ist.

Lautgesten

Lautgesten (= Laut – Handzeichen), stellen nach Mayer (2018) eine wesentliche Unterstützung beim Erwerb der Graphem-Phonem-Korrespondenz dar. Diese Lautgesten sind Gesten, die mit *einer Hand* gebildet und im Unterricht mit Buchstaben oder mit dem entsprechenden Phonem assoziativ verknüpft werden. Hierdurch kann auch eine Lautanbahnung und – festigung parallel im Rahmen des Schriftspracherwerbs erfolgen. Für SchülerInnen mit Förderbedarf im Bereich Sprache empfehlen Mahlau et al. (2016) die Lautgebärden des Kieler Leseaufbaus (Häcker/Stotz 2010).

DEFINITION

Körpertonus

Mit dem Begriff Körpertonus wird der „Spannungszustand der Muskulatur“ bzw. des Körpers bezeichnet (Hüter-Becker/Barth 2005, 181).

Über einen geringen Körpertonus wird auf der Selbstkundgabeebene häufig Unsicherheit vermittelt. Schlaffe Hände beim Gestikulieren können unsicher wirken, während hängende Schultern als Hinweis auf fehlendes Selbstvertrauen gedeutet werden können.

In der Kommunikation kann ein Gegenüber mit **wenig Körperspannung** als wenig beeindruckend empfunden werden. Ein **erhöhter Körpertonus** kann aufgrund von psychischer Anspannung/Dauerstress entstehen und umgekehrt.

Körperliche Spannungszustände wirken in der Interaktion durch den funktionellen Nachvollzug und Übertragungsprozesse immer auch auf das Gegenüber. Die Lehrkraft überträgt ungewollt physische wie psychische Spannungs- oder Entspannungszustände auf die SchülerInnen.

BEISPIEL

Im somatischen Dialog lässt sich Körperspannung bewusst einsetzen: Bei SchülerInnen mit körperlichen und motorischen Beeinträchtigungen, z.B. mit einer Spastik, aber auch bei stotternden SchülerInnen, kann sich die Lehrkraft in responsiver Weise auf einen somatischen Dialog mit ihnen einlassen und ein Gespür für ihren Körpertonus entwickeln. Ihre professionelle Responsivität zeigt sich daran, dass sie psychische und physische Übertragungs- und Gegenübertragungsprozesse reflektiert und *entspanntere* Modelle anbietet. So kann sie beispielsweise bewusst eine offene, enspannte Haltung und Atmung präsentieren und damit einen physiologischen Nachvollzug der SchülerInnen initiieren.

nonverbale Impulse/ Zuhörsignale

Das bestätigende Kopfnicken als Zeichen aktiven Zuhörens während eines Gesprächs ist ein starker nonverbaler Impuls, der dem/der GesprächspartnerIn Zustimmung signalisiert und anzeigt, dass diese/r weiterhin das Rederecht hat. Durch die mimischen Impulse Hochziehen der Augenbrauen und das Runzeln der Stirn oder den gestischen Impuls des Schulterzuckens werden SchülerInnen aufgefordert, ihre Gedanken zu äußern, zu argumentieren oder zu erklären. Gezieltes Schweigen und intensiver Blickkontakt lösen ebenfalls Sprechakte der SchülerInnen aus.

Die Lehrkraft präsentiert als geplanten Impuls in der Mathematikstunde ein Tafelbild mit verschiedenen zweidimensionalen geometrischen Figuren. Sie sucht daraufhin Blickkontakt zu den SchülerInnen der Klasse und

BEISPIEL

zieht anschließend die Schultern hoch und runzelt die Stirn, um durch diese nonverbalen Impulse ein Unterrichtsgespräch anzuregen. Dadurch erhalten die SchülerInnen die Möglichkeit, ihre Gedanken zu den geometrischen Figuren zu äußern und gegenseitig zu ergänzen. Die Lehrkraft leitet das Unterrichtsgespräch und lenkt es ggf. durch weitere spontane Impulse, indem sie fragt, was denn Gemeinsamkeiten und Unterschiede zwischen Figur 1 (Rechteck) und Figur 2 (Quadrat) sind (falls die SchülerInnen darauf noch nicht eingegangen sind). Durch diesen spontanen Impuls wird das Gespräch aufrechterhalten und eine neue Dimension (Unterschiede/Gemeinsamkeiten) in der SchülerInnenbetrachtung fokussiert.

Links zu drei weiteren Arten von Lautgesten bzw. phonematischen Handzeichen finden Sie im **Onlinematerial**.

Ein Video zum Einsatz von (nonverbalen) Impulstechniken finden Sie auf dem Youtube-Kanal **sprachfertig**. *(Link s.* **Onlinematerial***)*

Eiberger, C., Hillenbrandt, H. (2018): Lehrersprache im Grundschulunterricht. Trainingsbausteine für eine wirksame verbale und non-verbale Kommunikation. Persen, Hamburg

5.2 Strategien zur sprachlichen und diskursiven Unterstützung im inklusiven Unterricht

Unterrichtsinteraktionen und die multimodale LehrerInnensprache stellen eine Ressource für fachliches und/oder sprachliches Lernen dar und können als solche genutzt und optimiert werden. Diese Annahme eint viele Konzepte und Methoden zur Sprachförderung im Unterricht. LehrerInnensprache kann mit den o.g. Mitteln sowohl gemeinsame Aufmerksamkeit und Erlebnisse für und mit Sprache als auch individuelle Unterstützungsstrategien im Dialog mit einzelnen Kindern herstellen, sodass sprachliches Lernen in der Zone der nächsten Entwicklung möglich wird (Wygotsky 2014).

Konzepte / Methoden

Bestehende Konzepte und Methoden zur sprachförderlichen LehrerInnensprache und Interaktionsgestaltung zielen dabei entweder auf

- den Erwerb neuer sprachlicher Formen und Strukturen (z.B. *Scaffolding*, Gibbons 2002, *Sprachheilpädagogischer Unterricht*, Reber / Schönauer-Schneider 2018),
- den Erwerb neuer Diskurspraktiken bzw. Funktionen von Sprache im Dialog (z.B. *dialogic teaching*, u.a. Alexander 2006, *diskurserwerbsförderliches LehrerInnenhandeln*, Heller / Morek 2015b) oder
- den Abbau von sprachlich-kommunikativen Lernbarrieren und sprachlich-kommunikativer Diskriminierung (z.B. *sprachförderliches LehrerInnenhandeln*, Fürstenau 2016, *durchgängige Sprachbildung*, Gogolin / Lange 2011).

Didaktische Strategien der LehrerInnensprache im fachlichen Unterrichtsgespräch, beim dialogischen Vorlesen, im Morgenkreis etc. sind das Scaffolding, sprachliches und kognitives Modellieren, kognitives Aktivieren, emotionales Involvieren, diskursives Fordern und Unterstützen, Strukturieren und Reflektieren. In Tab. 1 sind die verschiedenen Konzepte vergleichend gegenübergestellt.

Tab. 1: Sprach- und diskurserwerbsförderliche Verfahren in unterschiedlichen Ansätzen im Vergleich (Heller / Morek 2019, 112)

Microscaffolding (Gibbons 2002; Hammond/Gibbons 2005; ähnlich auch Smit/van Eerde 2013; Kleinschmidt-Schinke 2018)	**Verfahren diskurserwerbsförderlichen Lehrerhandelns im Unterricht** (Heller/Morek 2015a; Heller 2017; ähnlich Isler et al. 2016)	**Instructed conversation** (Berry/Englert 2005; Berry 2006)
Fokus auf (fachspezifische/literale) lexikalische und syntaktische Kompetenzen	*Fokus auf diskursive Kompetenzen und Involvierung diskursiv heterogener SchülerInnen*	*Fokus auf diskursive Involvierung von SchülerInnen mit sonderpädagogischem Förderbedarf*

Anknüpfen an Vorerfahrungen, Verknüpfen mit neuen Konzepten Im Rahmen des IRE-Musters Beiträge elizitieren und Hinweise auf erwartete Antworten geben Elaborierungen einfordern Wiederholen/Kommentieren von Schülerbeiträgen auf der Metaebene Elliptische Schülerbeiträge vervollständigen (Expansion) Schülerbeiträge in adäquatem Register re- oder umformulieren	Schaffen von Gelegenheiten für schülerseitiges Beschreiben, Erklären, Argumentieren, das in die Bearbeitung fachlicher Probleme eingebunden ist Deutliches Setzen und Erkennbarmachen/Explizieren globaler Zugzwänge Adressierung von Zuhöreraktivitäten (z.B. Nachfragen, Wiedereinsetzung des Zugzwangs) an den/die jeweils sprechenden Lernenden Interaktiv eingebundenes Herausarbeiten modellhafter Äußerungspakete als ‚Online'-Hilfe für nachfolgend zu gebende Erklärungen bzw. Argumente Finetuning: lernersensitiver Zuschnitt der Unterstützungsverfahren	Explizieren und Visualisieren interpretativer Strategien Fragen nach Begründungen bzw. Textbelegen Modelle und Einladungen zum schülerseitigen Etablieren von Begründungspflicht Einladen und Orchestrieren schülerseitiger Bezugnahmen aufeinander

Im Folgenden werden ausgewählte Methoden mit Praxisbeispielen erläutert.

5.2.1 Scaffolding

Scaffolding ist zum Rahmenkonzept des sprachsensiblen Unterrichts avanciert (Kap. 4.3.1). Gibbons (2002) unterscheidet dabei zwischen dem Makro- und dem Mikro-Scaffolding.

Makro-Scaffolding Zum Makro-Scaffolding gehört die Analyse der fachlichen und sprachlichen Bedarfe, die Analyse der fachlichen und sprachlichen Lernstände sowie die daraus resultierende Unterrichtsplanung. Dies wird exemplarisch in Tab. 2 illustriert.

Tab. 2: Übersicht der Aspekte des Makro-Scaffolding

Inhaltliche Planung	**Sprachliche Planung**
Übergeordnetes fachliches Lernziel	sprachliche Bedarfsanalyse: Welche Anforderungen stellen die zu vermittelnden mathematischen Inhalte? (z.B. Textarten, komplexe Verweisstrukturen, neue Fachbegriffe, grammatische Phänomene)
fachliche Detailziele	sprachliche Lernstandanalyse: Beherrschen die Lernenden die geforderten sprachlichen Strukturen? Wo brauchen sie Unterstützung? Grundlage: systematische Unterrichtsbeobachtungen der Lehrkraft
Unterrichtsschritte	

Nach Leuders und Prediger (2016, 87) besteht die Lernaufgabe sprachlich starker Lernender im Erwerb der Fachsprache. Der Lerngegenstand sprachlich schwacher Lernender umfasst zusätzlich noch die Bildungssprache, d. h. diese Lernenden können zumeist nur auf ihre alltagssprachlichen Kompetenzen zurückgreifen, um die Lernaufgabe zu bewältigen.

Mikro-Scaffolding

Mit dem Mikro-Scaffolding ist die konkrete fachliche und sprachliche Gestaltung der Unterrichtsinteraktion gemeint. Für die konkrete Gestaltung der Interaktion im Unterricht hat Gibbons (2002) den Begriff Mikro-Scaffolding geprägt und einen vierphasigen Fahrplan für den sprachsensiblen naturwissenschaftlichen Unterricht entworfen (Abb. 9), der auch auf andere Fächer übertragbar ist (z. B. Rechtschreibgespräche im Deutschunterricht oder Entdeckerpäckchen im Mathematikunterricht) (Kap. 5.3).

Abb. 9: Fahrplan für den sprachsensiblen Fachunterricht (modifiziert nach Kniffka/Neuer 2007, 129)

Fahrplan für den sprachsensiblen Unterricht

Phase 1: *Experimentieren*. In dieser Phase modernen Unterrichts wird ein Experiment als Ausgangspunkt genommen und die SchülerInnen werden aufgefordert, eine forschende Haltung zum Unterrichtsgegenstand einzunehmen.

„Was fällt euch auf?" „Warum meint ihr, ist das so?" „Wie könnt ihr es in Worte fassen?"

Hierbei spielen die Sprechakte Fragen und Erklären eine wichtige Rolle. Auf fachlicher Ebene geht es um das Ausprobieren, Fortsetzen und Erforschen. Phase 2: *Einführung von Schlüsselvokabular*. In dieser zweiten Phase werden gezielt Wörter, Satzbausteine oder auch Mittel zur Textstrukturierung bereitgestellt, die zur Lösung der Aufgabe zentral sind.

Dadurch werden die sprachlichen Mittel nicht auf *Vorrat* gelernt, sondern genau in den Situationen eingeführt, in denen sie auch als nützlich erlebt werden.

In dieser Phase des Fachunterrichts liegt vorübergehend der Fokus auf der Sprache.

Phase 3: ***Lehrkraftgestütztes Berichten***. In dieser dritten Phase werden die Lernenden ermuntert, über ihre Gruppenarbeiten zu berichten.

> „Was ist euch aufgefallen?" „Was habt ihr euch überlegt?"

Dabei fordert die Lehrkraft explizit die Verwendung des Fachwortschatzes ein.

> „Wir versuchen jetzt einmal, wie NaturwissenschaftlerInnen zu sprechen."

Die Produktion längerer, zusammenhängender Äußerungen kann z. B. durch die wiederholte Nutzung des Satzbausteins „Wenn…, dann…" unterstützt werden. Auf die geäußerten Inhalte der Lernenden reagiert die Fachkraft positiv und prompt, ggf. unter Nutzung des korrektiven Feedbacks auf einer der Sprachebenen.

Phase 4: *Schriftlicher Eintrag in ein Lerntagebuch*. In dieser vierten und letzten Phase erhalten die SchülerInnen die Möglichkeit, die eigenen vorgetragenen Äußerungen unter Nutzung der Wörter, Satzteile oder der Mittel zur Textstrukturierung zu überarbeiten. Damit findet ein Wechsel von der gesprochenen Alltagssprache zur durch Bildungs- und Fachsprache geprägten schriftsprachlichen Modalität statt.

Methoden-Werkzeuge

In allen vier Phasen können die SchülerInnen zusätzlich durch den Einsatz von Methoden-Werkzeugen im sprachsensiblen Unterricht unterstützt werden, die auf Leisen (2010) zurückgehen (Kap. 4.3.1).

DEFINITION

Methoden-Werkzeuge zur Sprachförderung sind Werkzeuge, die kommunikative Situationen im Unterricht erzeugen, unterstützen und bewältigen helfen. Entsprechend dem Kompetenzstand der Lernenden und der Kommunikationsabsicht steuern diese Werkzeuge eng oder sind eher offen gehalten (Leisen / Hopf 2011).

Es liegen insgesamt 40 Methoden-Werkzeuge zur Bewältigung von 12 sprachlichen Standardsituationen im Unterricht vor, die sich vier sprachlichen Kompetenzbereichen zuordnen lassen (Leisen 2004).

Kompetenzbereiche

Kompetenzbereich 1. Standardsituationen, die diesem Kompetenzbereich zugeordnet werden, nutzen in hohem Maße Standardformulierungen, folgen vorgegebenen sprachlichen Mustern und haben eher Wiederholungscharakter (z.B. einen Gegenstand beschreiben, ein Diagramm oder eine Skizze erläutern, fachtypische Sprachstrukturen verwenden).

TIPP

Damit können sie gut eingeschliffen und trainiert werden und eignen sich besonders als Übungssituationen für sprachschwache und mehrsprachig Lernende mit Migrationshintergrund.

BEISPIEL

Das Methoden-Werkzeug *Wortfeld* ist mit dem Werkzeug *Wortliste* verwandt. Beide sind gut geeignet, um die Beschreibung eines Gegenstandes oder einer Situation zu unterstützen. Im Unterschied zur Wortliste erhalten die SchülerInnen beim Wortfeld aber keine geordnete, sondern eine ungeordnete Menge an (Fach-)Begriffen, Wortverbindungen und Satzbruchstücken, um daraus z.B. eigene Sätze zu bilden oder Begriffspaare zu finden.

Kompetenzbereich 2. Das Stellen von Fragen, das Äußern von Vermutungen und das Halten eines strukturierten Vortrags gehören zum Kompetenzbereich 2. Bei allen geht es darum, ob ein fachlicher Inhalt korrekt erfasst wurde und fachlich richtig wiedergegeben werden kann. Diese sprachlichen Standardsituationen sind eng an die fachliche Situation gebunden.

BEISPIEL

Bei dem Methoden-Werkzeug *Bildergeschichte* handelt es sich um eine Kombination aus Bild- und Textmaterial zur Unterstützung der Präsentation eines Sachverhaltes oder eines fachlichen Vorgangs (oft mit Sprechblasen). Es ist besonders geeignet, um z.B. Alltagssprache und Fachsprache vergleichend gegenüberzustellen.

Kompetenzbereich 3. Zu diesem Kompetenzbereich gehören das Erklären/Erläutern von Sachverhalten, das Argumentieren und die diskursive Erörterung von Sachverhalten. Alle setzen ein gewisses Maß an fachlicher Expertise auf einem Gebiet voraus. Ihre Bewältigung ist fachlich wie sprachlich sehr anspruchsvoll.

_BEISPIEL _ _ _

Beim Methoden-Werkzeug *Thesentopf* wird eine Sammlung von Pro- und Kontrathesen als Ausgangspunkt für ein Streitgespräch oder eine mündliche Fachdiskussion vorgegeben. Die SchülerInnen erarbeiten zu den aus dem *Topf* gezogenen Kontroversen Thesen sowie Argumente und verteidigen die ihnen zugeteilte Position. Voraussetzung ist, dass sich das gewählte Thema kontrovers diskutieren lässt und dass die SchülerInnen die Gesprächsregeln für eine Streitkultur entwickelt haben.

Kompetenzbereich 4. Standardsituationen dieses Kompetenzbereichs beschäftigen sich mit der Texterschließung, Textproduktion und dem Ausbau der vorhandenen Sprachkompetenzen. Hier findet ein Modalitätenwechsel von der gesprochenen zur geschriebenen Sprache statt. Ihnen kommt besonders große Bedeutung auch im Rahmen der schriftsprachlichen Förderung zu.

_BEISPIEL _ _ _

Das Methoden-Werkzeug *Memory* ist dem bekannten Merkspiel, bei dem z.B. Bild- und Begriffskarten einander zugeordnet werden sollen, entlehnt. Das Spiel ist vor allem für den Anfangsunterricht geeignet, um die Sprachkompetenz zu sichern und einzuüben. Auf einfachem Niveau können Begriffe und Zusammenhänge in Gruppen- oder PartnerInnenarbeit ohne die Führung der Lehrkraft spielerisch gefestigt werden. Dabei werden stark unterschiedliche Lerngeschwindigkeiten ausgeglichen.

Vorteile

Methoden-Werkzeuge unterstützen die Lehrkraft dabei anregende, herausfordernde und die Bedürfnisse der Lernenden berücksichtigende Lernsituationen zu gestalten, die sowohl fachlich als auch sprachlich anregend und herausfordernd sind. Die jeweiligen Bedürfnisse der Lernenden werden dabei binnendifferenzierend berücksichtigt. Der Lehrkraft gelingt eine vielfältigere methodische Ausnutzung desselben Lernmaterials.

Zudem haben Methoden-Werkzeuge einen hohen Aufforderungscharakter. Sie helfen, die Lernenden inhaltsgebunden in kommunikative und kooperative Situationen zu bringen, in denen sie aktiv handeln müssen. Damit tragen sie zu einer stärkeren Handlungsorientierung des Unterrichts bei und erhöhen zugleich den Anteil selbstregulierten Lernens. Durch die Verlagerung der aktiven Unterrichtsarbeit in die Lerngruppe und durch die intensiven Kommunikationsformen gewinnen die Lehrkräfte mehr Freiraum, können beobachten, individuelle Lernwege begleiten und Arbeitsabläufe einzelner Lernender gezielter unterstützen (Leisen 2010).

5.2.2 Modellierungstechniken

DEFINITION

Modellierungstechniken sind sprachförderliche Techniken, die „inhaltliche Rückmeldungen an das Kind [geben] bei gleichzeitiger korrekter Wiedergabe der sprachlichen Zielform, ohne das Kind auf die sprachliche Abweichung direkt aufmerksam zu machen" (Lüdtke/Stitzinger 2017, 130).

Dies soll dazu führen, dass das entstehende rezeptive Wissen aktiviert und schließlich produktionsleitend wird. Modellierungstechniken werden zu zwei verschiedenen Zeitpunkten eingesetzt, um den sprachlichen Input zu optimieren. Sie können entweder den kindlichen Äußerungen vorausgehen oder der Sprachäußerung des Kindes folgen.

Vorausgehende Modellierung

DEFINITION

Vorausgehendes Modellieren dient der Prävention nicht korrekter Aussagen eines Kindes und dem Aufbau eines positiven Selbstwertgefühls (Reber/Schönauer-Schneider 2018).

Dazu gehören die Präsentation/linguistische Markierung, das Parallelsprechen und die Alternativfrage. Durch diese Formate können sprachliche Zielstrukturen als korrektes Modell vorgegeben werden. Die Lehrkraft bereitet den sprachlichen Input für bestimmte SchülerInnen für eine Unterrichtseinheit spezifisch vor (Schmitt/Weiß 2004).

DEFINITION

Präsentation / linguistische Markierung

Bei der Präsentation bzw. linguistischen Markierung wird die gewollte sprachliche Zielform durch eine klare, anschauliche Darstellung (gehäuft) präsentiert (Lüdtke/Stitzinger 2017).

Bei der sprachlichen Zielform kann es sich um einen Laut, ein Wort, eine morphologische Endung oder eine Satzstruktur handeln. Im Idealfall soll die Modellierung dazu führen, dass das Kind seine darauffolgende Äußerung auch korrekt realisiert (Reber/Schönauer-Schneider 2018).

Beispiel aus dem Mathematikunterricht (Formen) zur Perfektbildung:
Lehrerin: „**Habt** ihr **gesehen**? Ich **habe** den Quader **gewählt**. Ach, Nina **hat** die Kugel **genommen**. Welche Form **hast** du **ausgesucht**, Cem?"

DEFINITION

Parallelsprechen

Beim Parallelsprechen (parallel-talking) wird die Handlung des Kindes begleitend in korrekter Form kommentiert (Lüdtke/Stitzinger 2017).

Dies kann den SchülerInnen dabei helfen, neue sprachliche Strukturen in konkreter Form und in korrekten grammatischen Zusammenhängen zu erkennen und diese in die eigene Spontansprache zu übernehmen.

BEISPIEL

Beispiel aus dem Sachunterricht (Experiment: Zwei Gummibärchen auf Tauchgang, Kap. 5.3.2):
Amir und Alex bereiten gemeinsam das Experiment vor. Der Lehrer verbalisiert dazu parallel die Handlung der Kinder in sprachlich korrekter Form als Modell: „Amir nimmt zuerst das Teelicht mit dem Docht aus dem Aluminiumschälchen. Nun legt er etwas Watte in das Schälchen und setzt danach ein rotes und ein grünes Gummibärchen auf die Watte. Alex füllt jetzt bis zur Hälfte Wasser in die Glasschale."

DEFINITION

Alternativfragen

Alternativfragen sind das Angebot zweier Zielstrukturen zur Beantwortung einer Frage, um dem Kind eine konkrete Hilfestellung zu geben (Reber/Schönauer-Schneider 2018).

Mit dieser Technik ist es auch stärker sprachlich beeinträchtigten SchülerInnen bzw. Kindern mit DaZ möglich, ganze korrekte Satzteile in ihre Antwort zu übernehmen und damit vermehrt aktiv am Unterricht teilzunehmen.

BEISPIEL

Beispiel aus dem Deutschunterricht zum Märchen Rotkäppchen:
Lehrerin: „Der Wolf versteckt sich. Aber wo, Kevin? Hinter der **K**anne oder der **T**anne?
Kevin: „Hinter der Tanne."
Lehrerin: „Genau – er versteckt sich hinter der **T**anne."

Nachfolgende Modellierung

DEFINITION

Nachfolgendes Modellieren kommt *nach einer sprachlichen Äußerung* von SchülerInnen zum Einsatz. Das Kind wird hierbei nicht explizit sprachlich verbessert, sondern im Rahmen eines kommunikationsfreundlichen Milieus indirekt korrigiert, was eine ideale Möglichkeit für ein wertfreies Feedback darstellt.

Zu den Techniken zählen das korrektive Feedback, die Expansion, Umformungen, die modellierte Selbstkorrektur und die Extension (Schmitt/Weiß 2004, Lüdtke/Stitzinger 2017). Der Einsatz von Modellierungstechniken bedarf eines hohen Maßes an Bewusstsein für die eigene wie auch für die Sprechweise der Kinder (Klages/Pagonis 2015). Das eigene Sprechverhalten bzw. die multimodale LehrerInnensprache sollte regelmäßig reflektiert und angepasst werden, damit dem Kind die sprachliche Zielstruktur auf sinnvolle Weise systematisch angeboten werden kann.

TIPP

Gezielte Weiterbildungen und Peer-Supervision können Sie unterstützen, den Einsatz von Modellierungstechniken in Ihrem Unterricht zu verstärken und zu optimieren (Kap. 3.4).

DEFINITION

korrektives Feedback

Korrektives Feedback ist die korrigierte Wiedergabe einer fehlerhaften sprachlichen Äußerung von SchülerInnen. Hierdurch wird nur impliziert korrigiert bzw. die richtige sprachliche Form durch die Bezugsperson vorgegeben (Simon/Sachse 2011). Das Kind wird dabei nicht zur Wiederholung aufgefordert (Lüdtke/Stitzinger 2017).

Beispiel aus dem Sachunterricht:
Jule: „**Die Id**el macht Winterschlaf."
LehrerIn: „Ja, Jule, richtig. **Der Ig**el macht Winterschlaf."

Der Fokus liegt auf dem Inhalt des Gesagten, nicht auf der Form. Diese wird nur indirekt korrigiert. Das Kind wird gelobt.

DEFINITION

Umformung

Bei einer Umformung wird die Äußerung des Kindes von der Lehrkraft aufgegriffen und unter Einbau der (evtl. neuen) Zielstruktur verändert (Reber/Schönauer-Schneider 2018).

Durch die Darbietung von Wörtern an verschiedenen Positionen im Satz wird den SchülerInnen die Möglichkeit geboten, ihre Tendenz zu einem monotonen Satzbau aufzubrechen. So kann die Variabilität von Sprache aufgezeigt werden (Reber/Schönauer-Schneider 2018).

Beispiel aus dem Mathematikunterricht:
Susan: „Ich hänge das Quadrat an die Tafel." (= korrekt)
LehrerIn: „Prima, das Quadrat hängt Susan an die Tafel. (= Objekttopikalisierung als neue Alternative) Wer hängt den Kreis auf?"

Beispiel aus dem Schulgarten:
Walter: „Wir pflanzen Blumen."
Lehrer: „Gut, dann pflanzen wir Blumen. Pflanzen wir auch Bäume?" (= Subjekt-Verb-Inversion als Lerngegenstand)

Expansion

Oft äußern sich sprachentwicklungsgestörte Kinder oder Kinder mit DaZ nur in kurzen Satzmustern, in denen z. B. Wörter oder Satzteile fehlen (Wiedemann-Mayer/Jakob 2015).

DEFINITION

Bei einer Expansion erweitert die Lehrkraft die sprachliche Äußerung lexikalisch oder syntaktisch, indem sie die fehlenden Wörter oder Satzteile, d. h. die jeweilige Zielstruktur, in den Satz des Kindes einbaut.

Beispiel aus dem Stuhlkreis:
Can: „Ich war Wochenende Zoo."
Lehrerin: „Ah, du warst **am** Wochendende **im** Zoo. Welche Tiere hast du denn gesehen?"

DEFINITION

modellierte Selbstkorrektur

Die modellierte Selbstkorrektur wird von der Lehrkraft eingesetzt, indem der sprachliche Fehler bei der Zielstruktur von ihr bewusst nachgeahmt, im Anschluss daran aber sofort selbst korrigiert wird (Reber/Schönauer-Schneider 2018).

Der Fehler wird somit direkt mit der richtigen Lösung kontrastiert. Damit kann den SchülerInnen gezeigt werden, dass es normal ist, Fehler zu machen, und diese korrigierbar sind. SchülerInnen mit Störungsbewusstsein wird hierdurch auch die Sprechhemmung genommen.

Beispiel aus dem Mathematikunterricht zum Thema Zahlzerlegung:
Azra: „Ich zerschneiden den ganzen Punktestreifen in zwei Teile."
LehrerIn: Ich zerschneid**en**, ach Quatsch: zerschneid**e**, den Punktestreifen in drei Teile."

DEFINITION

Extension

Die Extension stellt eine Erweiterung der kindlichen Äußerung auf der *Inhaltsebene* dar. In diesem Fall unternimmt die Lehrkraft eine syntaktische Richtigstellung und *erweitert* den Satz zusätzlich *sachlogisch* (Wiedemann-Mayer / Jakob 2015).

Beispiel aus dem Sachunterricht:
Lisa: „**De** Stein **tut sinken.**"
LehrerIn: „Das stimmt. **Der Stein sinkt im Wasser. Er bleibt nicht an der Wasseroberfläche.** Der Stein **schwimmt nicht.**"

Eine gute Modellierung zeichnet sich durch eine Kombination aus verbaler, paraverbaler und nonverbaler LehrerInnensprache aus (Abb. 2).

TIPP

Auswahl eines oder mehrerer Zielformen: Wählen Sie Laute, Wörter, morphologische Endungen oder syntaktische Strukturen aus, die Sie beim entsprechenden Kind fördern wollen!
Artikulation: Sprechen Sie die Zielform ganz präsise aus!
Akzent: Betonen Sie die Zielform!

Sprechtempo: Sprechen Sie die Zielform etwas langsamer aus als den Rest des Satzes!
Pausen: Setzen Sie eine gezielte Pause vor die Zielform, um diese in den Aufmerksamkeitsfokus zu rücken!
Lautstärke: Sprechen Sie die Zielform etwas lauter als den Rest!
Mimik / Gestik: Unterstützen Sie die gesagte Zielform durch paralleles Anheben der Augenbrauen oder heben Sie den Zeigefinger direkt vor der Präsentation der Zielform (Aufmerksamkeitslenkung) oder setzen Sie Lautgesten ein!
Visualisierung: Visualisieren Sie die sprachliche Zielform z. B. mit einem passenden Wortbild oder Lautsymbolkarten (Kap. 5.4.1, P.O.P.T)!

Die Abb. 10 zeigt exemplarisch die Anwendung multimodaler LehrerInnensprache im Rahmen der Technik des nachfolgenden Modellierens.

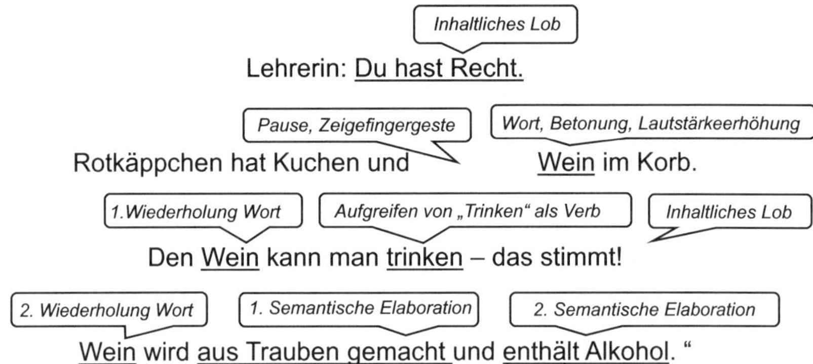

Abb. 10: Nachfolgendes Modellieren bei einem Kind mit semantisch-lexikalischen Auffälligkeiten

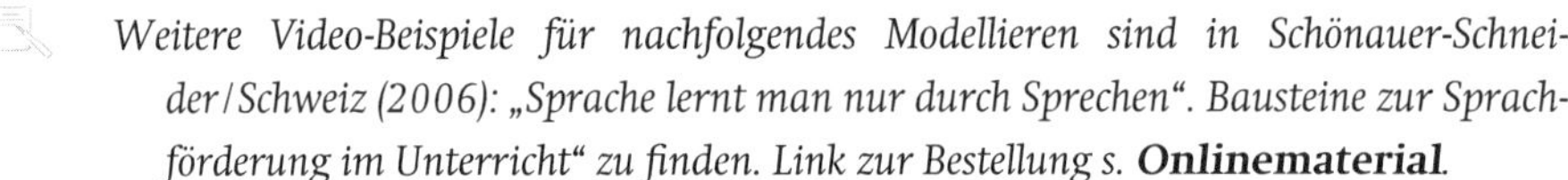
Weitere Video-Beispiele für nachfolgendes Modellieren sind in Schönauer-Schneider/Schweiz (2006): „Sprache lernt man nur durch Sprechen". Bausteine zur Sprachförderung im Unterricht" zu finden. Link zur Bestellung s. **Onlinematerial**.

5.2.3 Kognitive Modellierung und Aktivierung

Kognitive Modellierung

DEFINITION

kognitives Modellieren

Kognitives Modellieren bedeutet, dass die Lehrkraft beim Lösen einer Aufgabe laut vor den SchülerInnen denkt, sodass ihre Strategien und Gedankengänge transparent werden (Meyer 2007, 3).

Die Lehrkraft macht dabei eigene geistige Operationen transparent und präsentiert Sprache als Mittel der Entdeckung. Sprechen und Denken stehen in einem engen Zusammenhang (Bindel 2003, 91). Durch Reflexion und Restrukturierung unterstützt die Lehrkraft sprachliche Planungsprozesse bei den SchülerInnen, indem sie der Entfaltung der Kreativität und Fantasie zum gemeinsamen Thema einen großen Raum gibt. Die Intonation der Lehrkraft enthält dabei Informationen zur geistigen Ordnung und erlaubt durch redundante Informationen deren raschere Entschlüsselung und die Übernahme der PartnerInperspektive.

BEISPIEL

Vorlesegespräche (aus Bindel 2007):
Szene: An der Hotelrezeption (man sieht ein buntgezeichnetes Bild mit einem Mädchen, einer älteren Frau und einem Rezeptionisten)
Lehrkraft: „Was passiert in der Empfangshalle?"
Susann: „Das Mädchen will nicht, dass sie hier bleibt, sie hat kein Lust dazu."
Walther: „Das beschwert sich."
Alina: „Das Mädchen will nicht hier bleiben."
Lehrkraft: „Warum nicht?" (kurze Pause)
Alina: „Wegen den Gespenstern."
Lehrkraft: „Mhmm. Ich glaube, (Pause) davon weiß sie nichts, (Pause) sie denkt, sie langweilt sich."

Kommentar:

- Die Lehrkraft thematisiert mit der Nachfrage innere Motive des Mädchens und regt zum Nachdenken an – Alina führt eine aus der Perspektive der Lehrkraft wenig plausible externe Begründung an.
- Die Lehrkraft weist auf Implausibilität der externen Begründung hin und modelliert eine interne Begründung. Davon ausgehend, dass die drei SchülerInnen eine interne Interpretation intendieren, aber noch nicht formulieren können, erfolgt hier durch das kognitive Modellieren eine Unterstützung im Diskurs.

BEISPIEL

Unterstützung von SchülerInnen mit Redeflussstörungen (Stottern):
Werden die beim Stottern beobachtbaren zeitlichen Sprechgestaltungsmerkmale (Sprechflüssigkeit, Pausen, Rhythmus, Tempo) als Anzeichen mentaler Prozesse betrachtet, können im Rollenspiel durch die Übernahme unterschiedlicher geistiger Haltungen, Motive und Intentionen der jeweiligen Rollen auch andere Zeitstrukturen im Sprechstil erfahren werden.

Die Lehrkraft kann im Dialog bewusst bestimmte geistige Haltungen einnehmen, um damit einhergehend prosodische Parameter zu modellieren. Durch den *funktionellen Nachvollzug* (Kap. 5.1) können die SchülerInnen psychische wie physische Haltungen übernehmen.

Kognitive Aktivierung

DEFINITION

Unter kognitiver Aktivierung wird die Anleitung zielgerichteter Tätigkeiten der Lernenden, insbesondere das Erzeugen kognitiver Konflikte, verstanden (Kunter/Voss 2011).

Im fragend-entwickelnden Gespräch kann die LehrerInnensprache zur kognitiven Anregung eingesetzt werden (Kap. 4.1.1).

Impulse

Nach Gudjons (2007) ist ein kognitiv anregender Fragestil durch die folgenden Merkmale gekennzeichnet. Die Lehrkraft

- gibt Denkanstöße, hält sich aber ansonsten zurück,
- stellt Impulsfragen, die zum Nachdenken und Staunen anregen,
- stellt offene Fragen, die nicht mit „ja“ oder „nein“ beantwortet werden können,
- stellt Fragen, die der Ermittlung von Vorkenntnissen dienen, an diese anknüpfen oder dazu anregen, diese neu aufeinander zu beziehen,
- fasst Ergebnisse zusammen und sichert diese,
- gibt genügend Zeit für die Antwort, denn je länger die Wartezeit, desto höher das kognitive Niveau der SchülerInnenbeiträge.
- stellt Wissens- und Denkfragen, die prozess- und konzeptbezogen sind,
- gibt konvergente (= eindeutige) Antworten und stellt divergente Fragen, die Vermutungen beinhalten,
- stellt *Schrotschuss-* und *Ballon-Fragen,*

BEISPIEL

Schrotschuss-Fragen sind absichtlich unscharf und zielen nur ungefähr in die Richtung, in die der/die LehrerIn das Gespräch lenken will, z. B. „Einige von euch haben Haustiere, erzählt doch mal!“
Ballon-Fragen greifen in der Ordnung des Lehrgangs vor und dienen der Erkundung einer neuen Lernlandschaft, z. B. „Wisst ihr, was ein Zebra ist?“

Die kognitiv aktivierende Lehrkraft „...leitet den gemeinsamen Suchprozess, nicht nur als „Hebamme", die die gewünschten Ideen hervorzubringen hilft, sondern als „Stechfliege", die hinterfragt, problematisiert und Impulse zum Zweifeln gibt. [...] Sie führt nach der ersten Begeisterung durch Phasen der Enttäuschungen und Sackgassen hindurch, – weiter zur nächsten Frage" (Berg /Schulze 1995, 154 zit. in Gudjons 2007, 87).

CROWD- und PEER-Strategien

Nach Zevenbergen und Whitehurst (2003) werden die Aktivierungsimpulse CROWD und PEER unterschieden.

DEFINITION

CROWD ist ein Akronym für die Fragenart: C = Abschluss, R = Rückantwort, O = offene Fragestellung, W = W-Fragen und D = Distanzierung. Eine Erweiterung der CROWD ist CROWD-HS, um Distanz-Aufforderungen im Zusammenhang mit H = Haus und S = Schule zu fördern (Folsom 2017).

BEISPIEL

Beispiel für CROWD-HS Fragen für die bekannte Geschichte der „Drei Kleinen Schweine":
C = Vervollständigung der Frage: „Ich werde dampfen, und ich werde fauchen, und ich werde ___."
Antwort: Euer Haus umblasen.
R = Rückfrage: Welches Haus konnte der große böse Wolf nicht umblasen?
Antwort: Das aus Ziegelsteinen
O = Offene Frage: Was denkst du, warum hat das erste Schwein sein Haus aus Stroh gebaut?
Antwort: (variierende Antworten der SchülerInnen) z.B. Es (das Haus) war am einfachsten zu bauen. Es (das Schwein) war faul.
W = W-Frage: Was für ein Tier war hinter den Schweinen her?
Antwort: Der Wolf.
D = Distanzierung: Wie denkst du, dass sich die Schweine fühlten, als der Wolf versuchte, sie zu greifen?
Antwort: (variierende Antworten der SchülerInnen) z.B. ängstlich, wütend, traurig.
H = Haus-Frage: Wenn du zu Hause ein Spielhaus bauen würdest, was würdest du bauen?
Antwort: (variierende Antworten der SchülerInnen), z.B. Baumhaus, Zelt.

S = Schul-Frage: Der Wolf war ein Tyrann. Er war gemein zu den drei kleinen Schweinen. Was würdest du tun, wenn dich jemand in der Schule ärgert?
Antwort: (variierende Antworten der SchülerInnen) z.B. Es einem/einer LehrerIn sagen. Ihnen sagen, dass sie aufhören sollen. Sie ignorieren.

DEFINITION

PEER ist ein Akronym für Strategien, um das Kind zu tiefergehenden Antworten zu ermutigen: P = prompt/auffordern, E = evaluate/bewerten, E = erweitern und R = repeat/wiederholen. Eine Erweiterung ist PEER + PA, um die Lehrkraft daran zu erinnern, das Kind für das Gespräch zu loben (P = praise) und dem Kind zu helfen, die Antwort so anzuwenden (A), dass sie sinnvoll ist (Folsom 2017).

BEISPIEL

P = Aufforderung des Kindes, etwas über das Buch zu sagen. Die Lehrkraft fragt: Was für ein Tier war hinter den drei kleinen Schweinen her?
SchülerInnen: Ein Wolf.
E = Evaluation/Bewertung der Antwort des Kindes. Die Lehrkraft sagt: Ja, es war ein Wolf, aber wir können noch mehr zu dieser Antwort hinzufügen.
E = Erweiterung der Antwort des/der Lernenden. Die Lehrkraft fügt hinzu: Ja, es war ein großer, böser Wolf.
R = Response/Antwort auf die Aufforderung. Die Lehrkraft fragt erneut: Was für ein Tier war hinter den drei kleinen Schweinen her?
SchülerInnen: Ein großer, böser Wolf!
P = Praise/Lob durch die Lehrkraft, indem die Antwort des Kindes verwendet wird: Das ist richtig! Der große, böse Wolf war hinter den drei kleinen Schweinen her. Toll, wie gut ihr euch an die Geschichte erinnert!
A = Anwendung. Die Lehrkraft fragt: Wie würdest du dich fühlen, wenn du einen großen, bösen Wolf sehen würdest?
SchülerInnen: (Die Antworten werden variieren.), z.B. Ich würde Angst haben und weglaufen.

DEFINITION

Beim **sustained shared thinking** handelt es sich um einen ko-konstruktiven Prozess, in dem SchülerInnen unter sich oder gemeinsam mit der Lehrkraft zu einem gemeinsamen Thema Ideen und Erfahrungen austauschen, erweitern und neu entwickeln. Es kann als gemeinsames vertieftes oder anhaltend geteiltes Denken übersetzt werden (Siraj-Blatchford 2012).

sustained shared thinking

Dies setzt eine aktive Partizipation der InteraktionspartnerInnen voraus und zielt auf gemeinsame gedankliche Problemlösungen, Begriffsklärungen und Bewertungen von Ereignissen ab (Kap. 4.1.2).

Dabei setzt die Lehrkraft Impulse und stellt ein Gerüst (scaffold) bereit. Besonders relevant sind aber die Verstehens- und Missverstehenssignale auf die Äußerungen der SchülerInnen im Dialog in den folgenden drei Schritten (Hildebrandt et al. 2016):

1. Die Lehrkraft verdeutlicht ihr Nachdenken verbal und nonverbal.

   „Mhm“, „Gute Frage“, „Stimmt“, Kopfnicken, Stirnrunzeln, an die Stirn tippen

2. Sie äußert eine eigene Hypothese durch die Verwendung von *making sense words*.

   „Vielleicht…“, „Meine Idee ist…“

3. Sie fordert die SchülerInnen explizit zur eigenen Hypothesenbildung auf (*positive questioning*).

   „Was denkst du?“

Bringen Sie eigene Erfahrungen und Annahmen ein, verbalisieren Sie innere Prozesse. Beschreiben Sie eigene Denkprozesse, indem Sie sinnstiftende Wörter verwenden (z. B. Ich denke, dass… / Ich finde auch, dass… / Ich stelle mir vor, dass… / Ich finde nicht, dass… oder Ich weiß nicht, was denkst du?/ Ich mag… / Ich mag nicht… / Ich frage mich…) (Siraj-Blatchford 2007).

Nutzen Sie offene Eingabeaufforderungen („Was passiert auf diesem Bild?") und Erinnerungsaufforderungen („Erinnerst du dich, was passiert ist?).

BEISPIEL

Lehrkraft: „Was glaubst du, warum es im Winter schneit?"
Ali: „Damit die Kinder Schlitten fahren können?"
Steffi: „Nein, die Regentropfen werden zu Schneeflocken."
Tylai: „Weil es kalt ist, deshalb beginnt es zu schneien."
Markus: „Wenn es wärmer wird, schmilzt der Schnee."

ZUSAMMENFASSUNG

Beim *sustained shared thinking* sind alle Beteiligten in hohem Maße in den Interaktionsprozess involviert. Durch den Fokus auf einen Gesprächsgegenstand und den intensiven Austausch von Gedanken und Ansichten dazu *(shared thinking)*, ist Gemeinsamkeit herstellbar. Der entscheidende Impuls des Interaktionsformats ist auf die Perspektivenerweiterung ausgerichtet *(sustained)*. Dies kann im Dialog auch mit innerer Differenzierung erfolgen.

5.2.4 Fordern und Unterstützen

DEFINITION

Beim Fordern und Unterstützen etabliert die Lehrkraft kommunikativ Anforderungen an die Lernenden, unterstützt sie zugleich aber interaktiv dabei, diese Anforderungen auch zu bewältigen.

Entscheidend ist, dass die Lehrkraft all dies aus der Rolle des/der Zuhörenden (oder beim Argumentieren des/der OpponentIn) tut, um das jeweils aktuelle/gegenwärtige sprachlich-kommunikative *Problem* zu bearbeiten. Damit wird ein Anforderungsniveau etabliert, das leicht über dem liegt, was das Kind bereits selbstständig leisten kann (Zone der nächsten Entwicklung). Strategien zur diskursiven Optimierung von Unterrichtsgesprächen sind:

- das Setzen von Zugzwängen (Kap. 4),
- das Stellen authentischer Fragen,
- das Führen von offenen Diskussionen und die (Wieder-)Aufnahme von Antworten der SchülerInnen,
- die *productive talk moves* (produktive Gesprächszüge) (Michaels/O'Connor 2015) und
- die *dialogic-teaching*-Prinzipien nach Alexander (2006).

authentische Fragen

Authentische Fragen sind Fragen ohne bereits bekannte oder vorgegebene Antworten (Nystrand/Gamoran 1991). Sie werden aus dem Bedürfnis nach Informationen gestellt, nicht, um zu sehen, was die SchülerInnen wissen und was sie nicht wissen. Diese Fragen vermitteln echtes Interesse an den Meinungen und Gedanken der SchülerInnen.

TIPP.

Stellen Sie Fragen, die zu individuellen Interpretationen ermutigen, öffnen Sie den Raum für die Ideen der SchülerInnen zur gemeinsamen Überprüfung, Ausarbeitung und Überarbeitung im Dialog.

DEFINITION

Uptakes

Beim Uptake validiert die Lehrkraft bestimmte Ideen der SchülerInnen, indem sie deren Antworten in nachfolgende Fragen einfließen lässt.

Somit prägen die Antworten der SchülerInnen und nicht die Fragen der Lehrkraft den Verlauf des Gesprächs. Dies kann auch prosodisch und nonverbal markiert werden (Bewertung durch Stirnrunzeln, Kopfnicken, Zuhörsignale, Lautstärkeerhöhung als Ausdruck von Widerspruch, Lautstärkereduktion als Abschwächung etc.).

Durch Uptakes wird der Diskurs weniger vorhersehbar und wiederholbar, weil er jeweils neu *ausgehandelt* und gemeinsam bestimmt wird – in Charakter, Umfang und Richtung (Nystrand 1997).

offene Diskussion

Offene Diskussionen sind definiert als freier Austausch von Informationen unter den SchülerInnen und/oder zwischen mindestens drei Teilnehmenden, der länger als 30 Sekunden dauert (Applebee et al. 2003). Zu den drei Teilnehmenden kann auch die Lehrkraft gehören. Sie kann aber auch während einiger Diskussionen absichtlich schweigen. Dies betrifft z. B. partizipative Unterrichtsformate wie die Gruppenarbeit oder den schülerInnengeleiteten Klassenrat. Lehrkräfte zeigen dabei durch ihre Position außerhalb des Kreises, durch bewusstes Abwenden des Blickes und durch Gesten ihre Nichtverfügbarkeit an, um SchülerInnen zu Diskussionen anzuregen und ihnen konversationelle Beteiligung zu ermöglichen (Haldimann et al. 2017).

Das folgende Vorlesegespräch in einer vierten Klasse zeigt, wie im Zusammenspiel von Text, Bild und Impuls der Lehrkraft als VorleserIn eine offene Diskussion entstehen kann (Fuhrmann/Merklinger 2015).

BEISPIEL

Lehrkraft: „Warum glaubt ihr (= betont) … hat der Wolf einen Knoten (= kno = akzentuierte Silbe) im Magen."
Bruno: „Das geht gar nicht – ein Knoten (= kno = akzentuierte Silbe) im Magen",
Silke: „doch – wie zugeschnürt" (= zu = akzentuierte Silbe)
Cem: „Ich glaub aber, er hat, ähm, ein ungutes Gefühl im Bauch, weil er jetzt ja das Schaf mehr kennen (= kenn = akzentuierte Silbe) gelernt hat und es ganz sympathisch (= betont) findet, deswegen, ähm, findet er es ein bisschen schwierig, wenn er, äh, es versuchen soll, gleich aufzufressen" (aus Fuhrmann/Merklinger 2015).

In dieser Äußerung aus einem Vorlesegespräch zu dem Bilderbuch „Ein Schaf fürs Leben" (Matter/Faust 2009) in Klasse 4 bietet Cem seinen MitschülerInnen seine Lesart der gerade vorgelesen Textstelle an, in der die Metapher *einen Knoten im Magen haben* eine zentrale Rolle spielt. Seine Äußerung lässt darauf schließen, dass Cem die Perspektive der literarischen Figur des Wolfes versteht und zugleich auch das Verhalten der Figur vor dem Hintergrund seines Weltwissens, aber auch vor dem Hintergrund der Handlungslogik der Geschichte interpretiert.

Werkzeuge für produktive Gespräche sind nach Michaels et al. (2013) folgende:

produktive Gesprächszüge

1. Die Lehrkraft ermutigt die SchülerInnen, ihre ersten Ideen oder Gedanken zu teilen, zu erweitern oder zu klären.

> Die Lehrkraft gibt Zeit zum Nachdenken: „Nehmen wir uns eine Minute Zeit, um darüber nachzudenken."
> Sie regt die SchülerInnen an: „Kannst du mehr darüber sagen...?"
> Sie wiederholt und spiegelt die SchülerInnenantwort: „Also, du sagst...?".

2. Die Lehrkraft ermutigt die SchülerInnen, einander aufmerksam zuzuhören und die Ideen der anderen ernst zu nehmen. Dabei setzt sie die Technik der Wiederholung und Neuformulierung ein.

> „Wer kann in eigenen Worten wiederholen, was Alex gerade gesagt hat?"

3. Die Lehrkraft ermutigt die SchülerInnen, ihre Argumentation zu vertiefen.

> „Warum denkst du...?"
> „Funktioniert das immer so? Oder gibt es Ausnahmen?"

4. Die Lehrkraft lädt die SchülerInnen zum gemeinsamen Nachdenken ein.

> Zustimmung oder Ablehnung: „Bist du mit Michaels Idee einverstanden? Ja, warum?"

Diese Werkzeuge sollten in jeder Interaktion intentional eingesetzt werden, d.h. sie sollten dem Erreichen folgender Ziele dienen:

- Ziel 1 = einzelnen SchülerInnen helfen, ihre eigenen Gedanken zu teilen;
- Ziel 2 = den SchülerInnen helfen, sich aneinander zu orientieren und einander genau zuzuhören;
- Ziel 3 = Unterstützung der SchülerInnen bei der Vertiefung ihrer Überlegungen;
- Ziel 4 = Unterstützung der SchülerInnen bei der Auseinandersetzung mit der Argumentation anderer.

Insbesondere in Gesprächen über Experimente im Sachunterricht lassen sich die Gesprächszüge produktiv einsetzen (Kap. 5.3.2).

BEISPIEL

Wie erklären sich Kinder die irritierende Feststellung, dass Wasser nach oben fließen kann? Ein Gespräch in Kindergruppen über ein Experiment kann durch die Lehrkraft initiiert werden. Fachliche und interaktive Impulse der Lehrkraft können die SchülerInnen anregen, ihre Alltagsvorstellungen zu äußern:
Tom: „Der blubbert, guck mal, der geht aus. Was ist denn jetzt?“ [Tom geht mit dem Kopf nach vorne] „Das Wasser geht hoch“ (...) „Alter, habt ihr das gesehen?“ [Tom dreht sich zu der übrigen Gruppe] „Das Wasser ist hoch gestiegen. Das Wasser ist hochgestiegen. Das Wasser ist hochgestiegen bei dem Glas.“ (...) „Oh, das war so cool!“ (...) „Ah die Kerze ist ausgegangen. Ich hab gesagt, dass das Wasser von dem Glas so hochkam und die Kerze ist ausgegangen und dann kam da noch ein wenig Blubber“ (aus Eschrich 2015).

TIPP

Stellen Sie sich vor, wie der Dialog in der SchülerInnengruppe weitergehen könnte und mit welchen produktiven Gesprächszügen Sie fachliche und interaktive Impulse setzten könnten, um die o.g. Ziele zu erreichen.

DEFINITION

dialogische Prinzipien

Beim dialogischen Unterricht (*dialogic teaching*) wird mit dialogischen Prinzipien die gemeinsame Aufmerksamkeit auf das Unterrichtgespräch gelegt, von dem Lehrkraft wie SchülerInnen gleichermaßen profitieren. Dies geschieht nicht nur mit Gesprächstechniken, sondern auch durch

die Herstellung von Beziehungen im Klassenzimmer und über die Haltung zu Wissen, Lehren und Lernen (Alexander 2006).

Im dialogischen Unterricht geben Kinder nicht nur kurze sachliche Antworten auf *Testfragen* oder versuchen nur die Antwort zu finden, von der sie glauben, dass die Lehrkraft sie hören möchte. Stattdessen werden sie ermutigt zu erzählen, zu erklären, zu analysieren, zu spekulieren, zu fantasieren, zu erkunden etc.

Zum aktiven Lernen sind alle diese Gesprächsformen notwendig. Sie sollten mit den SchülerInnen Gesprächsregeln in diesem Sinne verhandeln und vereinbaren (Kap. 4.1.2).

5.2.5 Emotionale Abstimmung

„Im Zentrum eines inklusiven [...] Unterrichts steht sowohl aus fachdidaktischer als auch aus inklusionspädagogischer Perspektive Kommunikation und Kooperation" (Korff 2015, 103). Allerdings begegnen Lehrkräfte, die in inklusiven Settings unterrichten, der Vielfalt der SchülerInnen aktuell überwiegend mit dem Einsatz von individualisierten Arbeitsmaterialien in Stationen- oder Wochenplanarbeit. Gemeinsames Lernen in Erarbeitungs- oder Reflexionsphasen findet dagegen nur äußerst selten statt.

Die Herstellung von Gemeinsamkeit ist ein wesentliches Merkmal inklusiven Unterrichts (Kap. 2). Dazu gehören gemeinsame Erlebnisse, gemeinsame Aufmerksamkeit, gemeinsame Intentionen, gemeinsames Verständnis, gemeinsame Stimmungen, gemeinsame Lerngegenstände etc.

Interaktionsmuster, die involvierend, partnerorientiert und strukturiert sind, eignen sich, um emotionale Abstimmungsprozesse im Klassenraum herzustellen (Miosga 2019).

emotionale Abstimmung

Der Begriff der emotionalen Abstimmung wurde von Stern (2007) eingeführt, allerdings bezogen auf die Eltern-Kind-Dyade.

DEFINITION

Das *Communing Attunement* bezeichnet übertragen auf die Lehrkraft-SchülerInnen-Interaktion die Einstimmung der Lehrkraft auf die Klasse, um *Zusammensein* bzw. Gemeinsamkeitsgefühl herzustellen. Es wird hier in Anlehnung an die genannten Aspekte des multimodalen Motherese/Teacherese als *Emotionese* bezeichnet und schafft als übergeordnete

Kategorie die motivationale Grundlage für den sprachlichen Lehr-Lernprozess (Jungmann et al. 2009).

Die Lehrkraft kann zunächst einmal involvierende Muster der LehrerInnensprache herstellen, um die SchülerInnen emotional anzustecken.

DEFINITION

Hatfield et al. definieren emotionale Ansteckung „als die Tendenz Bewegungen, Ausdrücke, Haltungen und Stimmgebungen einer anderen Person automatisch nachzuahmen, sie zu synchronisieren und in Folge davon emotional zu verschmelzen" (Hatfield et al. 1992, 154).

Die Lehrkraft kann die SchülerInnen *spiegeln* und ihnen dadurch die Möglichkeit geben, aktiv im Dialog wirksam zu werden. Die Vorgänge interaktiver Synchronisierung sind nicht nur in der Eltern-Kind-Kommunikation, sondern auch bei Erwachsenen z. B. bezogen auf den Blickkontakt, den SprecherInnenwechsel und das affektive Signalisieren zu beobachten (Merten 1996). Unabhängig von der Erklärung dieser Phänomene scheint ein unmittelbarer Zugang zum anderen möglich zu sein, sodass sie häufig als das Fundament der Empathie betrachtet werden.

indirektes Spiegeln

Statt den Emotionsausdruck der Lernenden direkt zu imitieren, kann die Lehrkraft den Ausdruck des Kindes auch in abgewandelter Form wiedergeben, indem sie Eigenschaften wie Intensität, Zeitmuster und räumliche Gestaltmerkmale aufgreift und in andere Ausdrucksmodalitäten *übersetzt*.

Stern (1993) geht davon aus, dass dieses indirekte Widerspiegeln von Emotionen dem Kind versichert, dass es nicht einfach nachgeahmt, sondern tatsächlich verstanden wurde.

Eine rhythmische Armbewegung des Kindes kann beispielsweise durch einen entsprechenden Sprechrhythmus wiedergegeben werden.

Basierend auf sozial-kognitiven Spracherwerbstheorien (Tomasello 2019) kommt in Erwachsenen-Kind-Interaktionen den Sprech- und Zuhörhandlungen der erwachsenen Bezugsperson eine große Bedeutung für den Spracherwerb zu, sodass auf der Grundlage der Wir-Intentionalität der/die Zuhörende mitfühlt, mitdenkt, ‚mit'-lacht, ‚mit'-nickt, sich ‚mit'-freut oder auch ‚mit'-schimpft.

Übertragen auf die Diskursform Erklären (Kap. 4.2) ergibt sich folgende beispielhafte konkrete Umsetzungsmöglichkeit:

TIPP

Knüpfen Sie an alltagssprachliche Deutungen der SchülerInnen an, setzen Sie Gliederungspausen nach Sinneinheiten, Akzente auf wichtige oder neue Informationen, zeigen Sie Ihr Denken und Ihre Wertungen in der prosodischen Gestaltung (z.B. durch Zögerungspausen oder Pausen, die Spannung erzeugen), sodass gemeinsame Denkprozesse und Dialoge entstehen können.

Um die emotionale Abstimmung der Lehrkraft genauer zu erfassen und zu reflektieren und damit Voraussetzungen und Bedingungen für einen erfolgreichen (Sprach-)Lernprozess zu schaffen, sind videobasierte Reflexionen empfehlenswert (Kap. 3.4).

Über die Videoreflexion von Unterrichtsinteraktionen können modalitätsübergreifende Abstimmungsmomente anhand der Analysekriterien Intensität, Gestalt, Zeitmuster (Takt, Rhythmus, Dauer) und Kongruenz z.B. unter folgender Fragestellung identifiziert werden: Weist das Verhalten der Lehrkraft die gleiche Intensität, Gestalt etc. wie die des Kindes/der Kinder auf, ungeachtet der Modalität des Verhaltens?

Zur Selbstevaluation aller genannten Strategien in diesem Unterkapitel eignet sich SETT: Self Evaluation of Teacher Talk. Den Link finden Sie im ***Onlinematerial****.*

5.3 Sprache fördern im inklusiven Fachunterricht

Im Zentrum der nun folgenden exemplarischen Überlegungen steht das Ziel, fachliche Inhalte des Deutsch-, Sach- und Mathematikunterrichts in der Grundschule so aufzubereiten, dass SchülerInnen nicht auf sprachliche Barrieren stoßen, bzw. sie befähigt werden, diese Barrieren erfolgreich zu überwinden.

5.3.1 Sprachförderung im inklusiven Deutschunterricht

In der Grundschule erweitern die Kinder im Fach Deutsch ihre Sprachhandlungskompetenz in den Bereichen des Sprechens und Zuhörens, des Schreibens, des Lesens und Umgehens mit Texten und Medien sowie des Untersuchens von Sprache und Sprachgebrauch. Das folgende Unterrichtsbeispiel bezieht sich insbesondere auf die Förderung der produktiven und rezeptiven Erzählfähigkeiten der Kinder im Grundschulalter durch das multimodale, dialogische und erzählende Vorlesen (Kap. 4.2) der Lehrkraft mit einer Bilderbuch-App (Miosga et al. 2021).

Bilderbuch-App Paul und seine Freunde

Paul ist eine Maus, die sich auf eine **Abenteuerreise** begeben möchte. Paul möchte Schätze sammeln, doch auf seiner Reise wird er immer von einem Tier abgelenkt, das **seine Hilfe benötigt**: Carla Krokodil hat einen schmerzenden Zahn, Larry Löwe braucht dringend einen frischen Mähnen-Schnitt und Gerti Giraffe kann ihre Halskette nicht alleine umhängen. Paul weiß für jeden eine **Lösung**, sodass die Tiere unendlich dankbar sind und ihn auf seiner Reise begleiten möchten. „Auf Abenteuern kann man immer Freunde gebrauchen" ist Pauls Motto. Er ist jedes Mal so froh, einen Freund gefunden zu haben, dass er komplett vergisst, die Schätze einzupacken. Am Ende hat er zwar **einen leeren Rucksack**, dafür aber viele **neue echte Freunde**. Und das ist doch viel, viel mehr wert.

Einstimmung auf die Geschichte

Die Geschichte kann im Unterricht vorbereitet werden, indem das Cover der App als visueller *Impuls* für ein Unterrichtsgespräch angeboten wird. Vermutungen dazu, was auf der Abenteuerreise passieren könnte, regen Denkprozesse an (Kap. 5.2.3):

> Lehrkraft: Ich werde euch heute die Geschichte von der Abenteuerreise der Maus Paul erzählen. Was glaubt ihr, könnte auf einer Abenteuerreise passieren?

Mit *authentischen Fragen* und *Uptakes* kann hier eine offene Diskussion entstehen (Kap. 5.2.4). Indem die Lehrkraft an die Alltagssprache, Deutungen und Rahmungen der Kinder anknüpft, kann sie die SchülerInnen in das Thema involvieren und individuelle Zugzwänge zur Unterstützung setzen. Mündlich, schriftlich oder gestalterisch können die SchülerInnen auf dieser Basis selbst eine eigene Abenteuergeschichte verfassen.

Aufbauend lassen sich dann mit den SchülerInnen weitere Vermutungen zur Geschichte anstellen.

Was nimmt man auf eine Reise mit? Natürlich Gepäck!

Mit dem Spiel *Ich packe meinen Koffer* kann sich die Klasse auf die *gemeinsame Reise* einstimmen (Kap. 5.2.4). Bei jeder neuen Person kommt ein weiterer Gegenstand und damit ein größerer Wortschatz hinzu. Falls ein Gegenstand vergessen wird, können die Kinder sich gegenseitig helfen (z.B. durch Mimik/Gestik, Lautgesten, PartnerInnenarbeit...).

dialogisches Vorlesen

Im Rahmen des dialogischen Lesens kann die Geschichte interaktiv erarbeitet werden. Mit einem sinngestaltenden erzählenden Vorlesestil fördert die Lehrkraft implizit die Erzählfähigkeit und das Geschichtenverständnis (Kap. 4.2.1). Die Kinder können gemeinsam im (Halb-)Kreis sitzen, um die Bilder am Smartboard und die vorlesende Lehrkraft gut mitverfolgen zu können. Die App bietet mit zahlreichen gut platzierten Animationen eine Unterstützung zur Involvierung, Strukturierung und Einbindung der SchülerInnen (z.B. bieten die Geräusche eine Untermalung der Geschichte und erleichtern es den SchülerInnen, sich in die Situationen und Stimmungen hineinzuversetzen und dem Inhalt zu folgen). Die Lehrkraft kann die Animationen während des Vorlesens passend zum Text aktivieren oder sie von SchülerInnen aktivieren lassen, um sich z.B. den Hauptprotagonisten Paul genauer vorzustellen und mit ihm zu identifizieren. Die Kinder können jeweils aktiv in die Geschichte eingreifen, wenn sie abwechselnd auf die Hotspot-Symbole drücken: Denn nach jedem Drücken auf den passend zum Text erscheinenden Tier-Hilfe-Button wird eine Animation aktiviert, bei der das Bildmotiv wechselt, indem Paul einem Tier aus einer unangenehmen Situation hilft.

gemeinsames Hörerlebnis

Die narrativen Animationen unterstützen das sinngestaltende Lesen für den Aufbau innerer Vorstellungsbilder, sodass ein gemeinsames Hörerlebnis entstehen kann. Die emotionale Abstimmung mit den SchülerInnen kann sensibel an den Zuhörreaktionen und (Mit-)Bewegungen beobachtet werden (Kap. 5.2.5). LehrerInnenseitige Zuhörreaktionen auf SchülerInnenäußerungen können der gegenseitigen Bestätigung des gemeinsamen (Hör-)Erlebnisses dienen. Die Wiederholung von kindlichen Äußerungen, gegenseitiger Blickkontakt, gegenseitiges Spiegeln des Kopfnickens und der Mimik (Lächeln), die Übernahme der Intonationskontur und der Klangfarbe dienen der emotionalen Abstimmung durch modalitätsübergreifende gemeinsame Affektzustände.

Durch die Gestaltung von Pausen und Betonungen für den Aufbau der Spannung und die Auflösung kann die Struktur der Geschichte vermittelt werden. Durch Variation von Stimmklang, Lautstärke, Sprechtempo und

Tonhöhe in der wörtlichen Rede können die SchülerInnen sich mit den Figuren identifizieren.

BEISPIEL

Lassen Sie die Kinder sich wiederholende Textstellen mitsprechen und so den Vorleseprozess sprachlich mitgestalten.
Lehrkraft: „Paul (= au= betont) fand …
Simone: „das war eine super (= s und u = lang) Idee."
Lehrkraft: „Schließlich kann man auf Abenteuern?"
Alle: „… immer (= im = akzentuierte Silbe) Freunde gebrauchen."
Lehrkraft: „Er war so begeistert, dass er die kostbare (= o = betont) Schatztruhe ganz und gar (Pause) vergaß."
Ahmed: (geht zum Smartboard, tippt auf das Krokodil, das bewegt sich leicht)
Lehrkraft: „Hat der Paul denn bisher schon einen Schatz eingesteckt?"
Ahmed: (guckt und tippt auf die Maus, Animation erscheint) Nein.
Lehrkraft: „Noch gar keinen? (Stirnrunzeln)"
Ahmed: (schüttelt den Kopf zweimal)
Lehrkraft: „Hmm (übernimmt Rhythmus des Kopfschüttelns in der Prosodie)
Ahmed: „Guck mal, zuhause hat er …"
Lehrkraft: „Hm?"
Ahmed: „Bei dem Krokodil –
Lehrkraft: „Was ist mit dem Krokodil? (tippt auf die glitzernde Perle)"
Ahmed: „Ähm, Paul hat bei dem Krokodil die Perle (= pe = lang und betont) vergessen."

TIPP

Nehmen Sie sich doch einmal beim Vorlesen auf und achten auf Ihren Vorlesestil (s. Beobachtungsbogen zum spracherwerbsförderlichen Vorlesestil im Onlinematerial).

Verständnissicherung Im Anschluss an das Vorlesen kann die Lehrkraft das Verstehen sichern: Über eine Karte im Menü gelangt man zu allen Tieren, die Paul auf seiner Reise getroffen hat. Darüber kann die Struktur der Geschichte mit den Kindern gemeinsam noch einmal nachvollzogen werden. Die Lehrkraft kann durch interaktive Impulse das Geschichtenverständnis der Kinder fördern, indem sie Fragen zur Orientierung, zur Komplikation und zur Auflösung stellt:

BEISPIEL

- Um wen geht es in der Geschichte?
- Wo spielt die Geschichte?
- Warum sind die Tiere unglücklich?
- Wie kann Paul helfen?
- Wie endet die Geschichte?

Weitere authentische Fragen ermöglichen einen gemeinsamen thematischen Fokus und die InteraktionspartnerInnen bleiben dadurch über mehrere Turns gemeinsam bei einem etablierten Thema.

Im Anschluss an das Vorlesen kann gemeinsam mit der Klasse ein Theaterstück entwickelt werden. Die Gefühle der Tiere können gestisch und mimisch dargestellt werden, wenn die Geschichte erzählt wird. Durch die einfache Gestaltung und wiederkehrenden Satzstrukturen fällt es Kindern meist leicht, die einzelnen Szenen nachzuspielen und neue zu entwickeln.

Um den jeweils heterogenen Ausgangslagen gerecht zu werden und den individuellen Unterstützungsbedarf zu differenzieren, ist ein unterschiedlich hoher Textanteil von den Kindern zu erwarten. Zur *gemeinsamen Sache* wird die Geschichte in einer gemeinsamen Aufführung in der Schule.

App „Paul und seine Freunde", nudge GmhB (App Store)

Weitere Praxistipps rund um die App „Paul und seine Freunde" finden Sie in:

Miosga, C., Müller-Brauers, C.M., Hahn, A. (2021): Mit Bilderbuch-Apps in Geschichten eintauchen – Ideen für den inklusiven Deutschunterricht. In: Praxis Grundschule 1, 28–33

Tipps für die Vorlesepraxis finden Sie in:

Littwin, G. (2018): Auf dem Weg zu einer Didaktik des Vorlesens. Zur Lernbarkeit prosodiebezogener Sprech- und Lesefähigkeiten. In: Leseräume, 5. Jg., Heft 5, 59–81

GEW Baden-Württemberg: Unterrichtspraxis: Kita / Grundschule: Vorlesen – viel mehr als ein Einschlafritual, Nr. 6, 22.09.2017

Klein, J., Merkel, J (2009): Geschichten erzählen, erfinden und schreiben: Eine Anleitung mit Lehrfilm für die Grundschule. 1.-4. Klasse, Persen, Hamburg

Links zu weiteren Apps und Tipps für die Vorlesepraxis finden Sie im **Onlinematerial**.

Ein Video zum sprachförderlichen Einsatz von Bilderbüchern im Unterricht finden Sie auf dem Youtube-Kanal **sprachfertig** *(Link s.* **Onlinematerial**) *und auf dem OER-Portal Niedersachsen.*

5.3.2 Sprachsensibler Sachunterricht

Wörter, die aus der Alltagssprache bekannt sind, bekommen im Sachunterricht häufig eine andere Bedeutung.

Das Wort *Stempel* hat in der Alltagssprache eine andere Bedeutung als in der Botanik – der *Stempel* einer Blüte.

Dies trägt dazu bei, dass Aufgabenstellungen für Kinder mit anderen Herkunftssprachen bzw. für deutschsprachige Kinder mit sprachlichen Defiziten schwieriger oder unlösbar werden.

Eine *Grundvoraussetzung* des sprachsensiblen Sachunterrichts ist, dass die Lehrkraft sich bewusst macht, dass dies aus der Perspektive der Kinder eine sprachliche Hürde darstellen kann.

Prinzip des Seitenwechsels

Um Lehrkräften die Perspektivübernahme zu erleichtern, kann das Prinzip des Seitenwechsels (Tajmel 2013) angewendet werden. Dabei wird eine Sprachnotsituation erzeugt, die vielen Lernenden im Unterricht bekannt ist, aber nur selten explizit thematisiert und daher von den Lehrkräften nur unzureichend wahrgenommen wird.

BEISPIEL

Die Lehrkräfte werden aufgefordert, ein ihnen gut bekanntes Experiment für die erste und zweite Klasse – Zwei Gummibärchen auf Tauchgang – zu beschreiben. Dies sollen sie aber nicht in der vertrauten deutschen Sprache tun, sondern in ihrer besten Fremdsprache. Auf diese Weise erfahren sie, was es heißt, eine Sache verstanden zu haben, aber nicht über die sprachlichen Mittel zu verfügen, um die eigenen Beobachtungen und Erkenntnisse mitzuteilen.

Das Experiment

Es geht um die Frage, ob Gummibärchen tauchen können, ohne nass zu werden.

Die folgenden **Materialien** werden benötigt:

- eine große durchsichtige Schüssel, die zur Hälfte mit Wasser gefüllt ist
- ein Glas
- zwei Gummibärchen
- 1 Aluminumschälchen eines Teelichts
- Watte zum Auslegen des Aluminumschälchens

Die **Durchführungschritte** sind die folgenden:

1. Das Aluminumschälchen wird mit der Watte ausgelegt und die beiden Gummibärchen darauf gebettet.
2. Das Aluminiumschälchen wird auf die Wasseroberfläche gelegt, sodass es schwimmt.
3. Nun wird das Glas mit der Öffnung nach unten über das kleine Boot aus Aluminium, in dem die beiden Gummibärchen liegen, gestülpt und langsam auf den Schüsselboden gedrückt. Wichtig ist dabei, dass das Glas gerade gehalten wird.
4. Das Glas wird nun langsam wieder hochgehoben, bis das Boot mit seinen Insassen wieder auf der Wasseroberfläche schwimmt.

Durch die durchsichtige Schüsselwand ist zu **beobachten**, dass die Watte und die Gummibärchen bei ihrem Tauchgang nicht nass werden. Nach dem Tauchgang, wenn das Boot wieder auf der Wasseroberfläche schwimmt, kann auch erfühlt werden, dass die Watte und die Gummibärchen wirklich nicht nass geworden sind.

Die **Erklärung** für das Phänomen ist, dass in dem Glas Luft war, die nicht entweichen konnte, weil das Glas senkrecht auf die Wasseroberfläche aufgesetzt und so nach unten gedrückt wurde. Da das Glas bereits gefüllt war, nämlich mit Luft, konnte das Wasser nicht eindringen.

TIPP

Versuchen Sie, das beschriebene Experiment in eine von Ihnen gut beherrschte Fremdsprache zu übersetzen. Verwenden Sie keine Hilfsmittel. Wie lange haben Sie für die Übersetzung gebraucht? Ist es Ihnen gelungen, das Experiment vollständig zu übersetzen? Was ist Ihnen besonders schwer gefallen? Wie haben sie sich dabei gefühlt?

Wählen Sie ein anderes Experiment oder auch ein Arbeitsblatt aus dem Sachunterricht aus, das sie häufig verwenden. Dieses Mal dürfen Sie Hilfsmittel bei der Übersetzung verwenden (zweisprachiges Wörterbuch, das Internet, MuttersprachlerInnen). Welche Hilfsmittel haben wo geholfen? Wie haben sie sich im Vergleich zum ersten Durchgang gefühlt?

Das Prinzip des Seitenwechsels kann auch auf den Grundschulunterricht übertragen werden.

BEISPIEL

Die SchülerInnen erhalten den Auftrag, das Experiment *Zwei Gummibärchen auf Tauchgang* in der Unterrichtssprache Deutsch zu beschreiben. Einige Kinder werden bei der anschließenden Besprechung sprachliche Probleme anführen. Dies kann der Ausgangspunkt für gemeinsame Vereinbarungen sein, welche Unterstützungsmittel bei ähnlichen Aufgaben gegeben werden sollten.

Dabei kann eine Orientierung an dem vierphasigen Fahrplan für den naturwissenschaftlichen Unterricht (Gibbons 2002) erfolgen, der in Kap. 5.2 dargestellt wurde.

5.3.3 Sprachförderung im Mathematikunterricht

Die spezifische Sprache im Fach Mathematik kann für SchülerInnen mit sprachlich-kommunikativem Unterstützungsbedarf und/oder DaZ eine Barriere „im Erschließen von Rechenaufgaben darstellen" (Lüdtke/Stitzinger 2017, 79). In der Grundschulzeit werden nach Verboom (2008) etwa 500 mathematische Fachbegriffe eingeführt und deren adäquater Einsatz durch die Kinder gefordert. Der Mathematikunterricht in der Grundschule bietet daher zahlreiche Notwendigkeiten, aber auch Möglichkeiten, aus der Alltagssprache heraus eine mathematische Fachsprache zu entwickeln (Ministerium für BWWK 2014, Tab. 3).

Tab. 3: Beispiele zu sprachlichen Herausforderungen im Mathematikunterricht auf Wortebene (nach Wildemann/Fornol 2017, 183)

Sprachliche Herausforderungen auf Wortebene	Beispiele
Fachbegriffe, die z.T. aus dem Griechischen oder Lateinischen entlehnt sind	Faktor, Quader, Diagramm
Bildungssprachliche Begriffe, die im Alltag eher selten verwendet werden	Daten, Erlös, Höchstgewicht, Kontext
Komposita, deren Bedeutung sich z.T. von der Bedeutung der einzelnen Wortbestandteile unterscheidet	Augensumme, Flächeninhalt, Zahlenstrahl, Umkehraufgabe
Trennbare Verben, die es in vielen Sprachen (z.B. Türkisch, Russisch) nicht gibt, aber im Deutschen die Satzklammer bedingen	Ich rechne … aus. Ich trage … ein. Ich zähle … ab.

Im Folgenden wird ein Beispiel zur Unterrichtsreihe *Zahlzerlegung* anhand der Methode der *Entdeckerpäckchen* (Haus 1) und der *Sprachbildung* (Haus 4) aus PIKAS des Deutschen Zentrums für Lehrerbildung Mathematik (Götze 2020) angeführt. Dabei erfolgt eine Orientierung an dem praxisnahen WEGE-Konzept (*W*ortspeicher, *E*inschleifübungen, *G*anzheitliche Übungen, *E*igenproduktionen).

Zahlzerlegung (1. Klasse)

Beim Einsatz des Wortspeichers (Kap. 5.4.2, Wortschatzsammler) werden mathematische Fachwörter und Satzwendungen zunächst schrittweise durch visuelle Unterstützung von der Lehrkraft eingeführt (Tab. 4).

Tab. 4: Ausschnitt aus einem Wortspeicher zum Thema Zahlzerlegung

Durch Einschleifübungen auf semantisch-lexikalischer bzw. syntaktischer Ebene werden diese sukzessive durch häufige Wiederholungen (Inputspezifizierung) zusammen mit den SchülerInnen eingeübt und sukzessive verinnerlicht.

BEISPIEL

Die Lehrkraft schreibt den folgenden Lückentext an die Tafel:
Ich _____________ die 10 in 7 und 3.
10 ist das __________ und 3 und 7 sind die ____________
(s. PIKAS: Lückentext zur Zerlegung bis 10).
Es werden nun gemeinsam die richtigen Fachbegriffe gesucht und eingetragen. Dazu nehmen die SchülerInnen ggf. das Wortspeicher-Blatt zur Hilfe.
Die Lehrkraft und die Klasse sprechen im Chor:
„Ich *zerlege* die 10 in 7 und 3. 10 ist *das Ganze* und 3 und 7 sind *die Teile*."
Zur medialen Unterstützung visualisiert die Lehrkraft die neu zu erlernenden Fachbegriffe im Satz mit den entsprechenden, großen und laminierten Piktogrammen (Tab. 4).

Als weitere Mittel können Intonation, Lautstärke, Artikulation und Sprechtempo zum Einsatz kommen.

TIPP

Betonen Sie die o.g. Fachwörter und sprechen Sie diese etwas langsamer, lauter und artikulatorisch präzise aus. Statt des Piktogramms können Sie zur visuellen Darstellung auch Wortgesten einsetzen, z.B. für Zerlegen, mit den Händen aus der Mitte heraus eine Geste zum Auseinanderschieben anwenden.

Anschließend sollen die Kinder im Laufe der Unterrichtsreihe das Satzmuster selbstständig reproduzieren.

Einschleifübungen zielen somit auf die Verwendung der aktuell erworbenen einzelnen Fachbegriffe in einem eng begrenzten inhaltlichen und sprachlichen Rahmen ab.

Sind die Fachbegriffe in festen Satzmustern eingeübt, kommen die *ganzheitlichen Übungen* zur Sicherung des Fachwortschatzes zum Einsatz. Hier werden erweiterte sprachliche Übungen (mündlich wie schriftlich) durchgeführt: von der visuellen Ebene wird auf die Symbolebene gewechselt, der Zahlenraum wird erweitert oder mehrere Teilmengen werden gefunden.

Beispiel für ein Arbeitsblatt:
Ich habe die 5 in drei plus zwei **gelegt.** → richtig: zerlegt
Wenn ich den langen Punktestreifen zerschneide, erhalte ich zwei kleinere Streifen. Der große Turm ist **ein Teil**. → richtig: das Ganze. Die zwei kleineren Streifen sind die beiden Teile.

Die höchste Ebene der *Eigenproduktionen* stellen weitgehend selbstständige (schriftliche) Sprachproduktionen der SchülerInnen dar, in denen sie selbst entscheiden können, wie sie ihre erworbenen Sprachmittel einsetzen. Dies kann eine kleine Geschichte zum Thema sein (hier: Ganzes und seine Teile), ein ForscherInnenbericht, ein Domino oder ein selbst erstelltes Rätsel. Im Aufgabenformat *Entdecker-Päckchen* (auch *schöne Päckchen* nach Wittmann/Müller 2004) lernen die SchülerInnen mathematische Zusammenhänge und Strukturen zu entdecken, zu beschreiben und zu begründen. Auf der 3. Ebene „Wir werden Profis für gute Beschreibungen!“ werden verbale Darstellungsmittel als (Instrument und) Dokument des Lösungsprozesses erfasst und geübt. Hier kann ein Aktivierungsimpuls der Lehrkraft Einsatz finden (kognitive Aktivierung Kap. 5.2.3).

Der Lehrkraft fällt auf: „Samira hat die Zerlegungen anders sortiert als Paul! Was ist anders? Erklär mal!“ oder: „Vergleiche die Sortierung von Samira und die Sortierung von Paul! Was fällt dir auf?“

 *Links zu weiteren Ideen zu Mathematik im inklusiven Unterricht finden Sie im* **Onlinematerial**.

Zum Weiterlesen mit vielen konkreten Praxisbeispielen:

Ekrod, K. (2015): Wie viel Glück haben wir am Glücksrad – Ein Beispiel zur Förderung der komplexen Syntax. Sprachförderung und Sprachtherapie in Schule und Praxis, 3, 146–160

Hamann, M. (2018): Förderung mathematischen Faktenwissens durch die Vermittlung von Speicher- und Abrufstrategien. Sprachförderung und Sprachtherapie in Schule und Praxis, 3, 139–148

Koch, Y. (2015): Im Architekturbüro und auf der Baustelle – Ein Unterrichtsbeispiel zur morphologisch- syntaktischen Förderung im Geometrieunterricht im Mathematikunterricht. Sprachförderung und Sprachtherapie in Schule und Praxis, 3, 138–145

Stitzinger, U., Bechstein, A. (2013): Mit Sprache kann gerechnet werden – Unterrichtsspezifische Sprachdidaktik am Beispiel mathematischer Zusammenhänge. Praxis Sprache, 4, 218–226

5.4 (Individuelle) Sprachförderung im Unterricht – Konkrete Anregungen aus der Sprachtherapie

Grundlegendes Wissen über sprachtherapeutische Konzepte im Kindersprachbereich ist für GrundschullehrerInnen sinnvoll, weil diese auch für die Sprachförderung der gesamten Klasse sowie die Einzelförderung effektiv eingesetzt werden können. Ein weiterer Vorteil ist, dass Lehrkräfte mit dem Wissen über einzelne Methoden und ihrer Anwendung dazu beitragen, die interprofessionelle Zusammenarbeit mit den SprachtherapeutInnen aus dem Gesundheitsbereich im Alltag zu stärken. Es wird dem einzelnen Kind sehr zugutekommen, wenn seine (fachlichen) Bezugspersonen *an einem Strang ziehen.* Der Erfolg der Sprachtherapie wird unterstützt, wenn der Transfer des sprachlich neu Erlernten im schulischen Kontext mit gefördert wird. Des Weiteren können auch Kinder mit sprachlich-kommunikativem Unterstützungsbedarf im Unterricht gezielt gefördert werden, die sich evtl. (noch) nicht in sprachtherapeutischer Betreuung befinden. Im Folgenden werden vier evidenzbasierte sprachtherapeutische Konzepte für die Bereiche Aussprache, Wortschatz, Grammatik und Pragmatik vorgestellt, deren Methoden ohne Weiteres in den

Grundschulunterricht zu integrieren sind. Hierzu finden sich ganz konkrete Übungsvorschläge mit Materialien (Onlinematerial) für den schnellen Einsatz im Unterricht.

5.4.1 Aussprache: Fördermöglichkeiten mit der P.O.P.T.

Die Psycholinguistisch orientierte Phonologie-Therapie (P.O.P.T., Fox-Boyer 2019) ist ein hierarchisch aufgebautes Aussprachetherapie-Konzept, welches sehr häufig in der evidenzbasierten Sprachtherapie eingesetzt wird.

Evidenzen

Die P.O.P.T. konnte in ihrer Wirksamkeit in einer Reihe von Einzelfall– bzw. Kleingruppenstudien belegt werden (Fox-Boyer/Neumann 2017). Im schulischen Setting kommt das Konzept z. B. im Rügener Inklusionsmodell (RIM) in der Förderstufe 3 als eine gezielte, individuelle Sprachförderung zu Aussprachestörungen zum Einsatz (Mahlau et al. 2016).

Ziel

Zielgruppe der phonologischen Therapie sind Kinder mit Aussprachestörungen ab drei Jahren bis ins Schulalter, die eine verzögerte phonologische Entwicklung oder konsequente phonologische Störungen aufweisen.

Dies äußert sich darin, dass sie die bedeutungsunterscheidenden Kontraste zwischen Lauten (Phonemen) ihrer Muttersprache nicht korrekt realisieren können. Ziel der Therapie ist es, dem Kind die nicht realisierten Lautkontraste zu vermitteln, sodass es sein eigenes Sprechen verändern kann. Das Kind soll lernen, die Kontraste wahrzunehmen, sich in der Realisation der Kontraste zu erproben und schließlich eine Generalisierung des Erlernten in den Alltag zu erreichen.

Intervalltherapie

Die P.O.P.T. ist als Intervalltherapie konzipiert, d. h. nach einem Therapieintervall von maximal 25–30 Therapieeinheiten (2x wöchentlich) folgt eine dreimonatige Therapiepause. Der hierarchische Aufbau der P.O.P.T. zeigt sich in einer beginnenden Vorphase, die sich in drei Phasen fortsetzt.

Vorphase

- In der rein rezeptiven Vorphase soll das Kind entscheiden, ob Wörter von dem/der TherapeutIn richtig oder falsch vorgesprochen werden (Fox-Boyer 2019). Hier wird der Fokus auf die *Erkennung der phonologischen Form* von Wörtern gelegt.

Phase I

- Die erste Phase zielt auf die *Überarbeitung der Wortform* ab. Das Kind übt zuerst die Identifikation von *richtigen* Ziellauten im Vergleich zu *falschen* Ersatzlauten (je nach phonologischem Prozess) vom isolierten Laut, über Silben bis hin zum ganzen Wort. Zunächst werden dafür die Ziel– und Ersatzlaute mit ihren phonemischen Merkmalen erklärt: Artikulationsstelle, Überwindungsmodus, Stimmgebung. Parallel dazu wird jeder Laut mit einem *Lautsymbol* als Merkhilfe verbunden. Anschließend soll das Kind die Ziel- und Ersatzlaute bewusst identifizieren, danach aus Silben und darauf aus Pseudowörtern unterschiedlicher Komplexität heraushören, bevor diese Aufgabe auf realer Wortebene durchgeführt wird (Fox-Boyer 2019, Fox-Boyer/Neumann 2017).

Phase II

- Die zweite Phase ist charakterisiert durch die bewusste *Produktion der Ziel- und Ersatzlaute* auf isolierter Lautebene und später auf Silbenebene (Konsonant-Vokal-Verbindungen). Das Ziel dieser Phase ist das Erreichen einer phonemisch korrekten Lautproduktion der Ziellaute durch Nachsprechen bzw. Spontanrealisation in spielerischer Form, z.B. bei Würfelspielen.

Phase III

- In Phase III soll das Kind versuchen, die neu erlernten Ziellaute, aber auch die Ersatzlaute in Wörtern korrekt anzuwenden. Das Ziel dieser Phase ist die Überarbeitung der bisher fehlerhaft gespeicherten motorischen Programme. Das Kind übt demnach die neue motorische Programmierung in der Produktion von Wörtern, die es vorher mit einem phonologischen Prozess realisiert hatte. Diese Phase gilt als abgeschlossen, sobald dem Kind die korrekte Wortproduktion in der Übungssituation gelingt. Es wird davon ausgegangen, dass ein Transfer in die Spontansprache des Erlernten in der folgenden Therapiepause stattfindet (zur ausführlichen Darstellung des Konzeptes s. Fox–Boyer 2019).

Im Folgenden wird beschrieben, wie sich Teilbereiche aus der P.O.P.T im Unterricht sowohl bei SchülerInnen mit konsequenter phonologischer Störung zur Unterstützung der Therapie mit der P.O.P.T als auch zur Verdeutlichung von Phonemunterscheidungen bei allen SchülerInnen der Klasse umsetzen lassen.

Förderung der rezeptiven phonologischen Fähigkeiten

Im Grundschulunterricht können die rezeptiven phonologischen Fähigkeiten bei den SchülerInnen verbessert werden, um eine Basis für die Verbesserung der Aussprachefähigkeiten der Kinder zu erreichen. Hierzu können Fördermöglichkeiten aus der Vorphase der P.O.P.T. bzw. der Phase I zum Einsatz kommen.

BEISPIEL

Plosivierung des /sch/ im gelenkten Kontext in der 1./2. Klasse:
Die *Ersetzung von Frikativen* stellt eines der häufigsten Probleme bei Kindern mit Aussprachestörungen dar, das oft bis in das Schulalter hinein bestehen bleibt. Hier kommt der pathologische Prozess *Plosivierung von Frikativen* besonders zum Tragen, da dieser sehr häufig vorzufinden ist.

DEFINITION

„Der Prozess der Plosivierung charakterisiert sich durch die Ersetzung eines Frikativs durch einen Plosiv. Die Artikulationsstelle und Stimmhaftig- bzw. -losigkeit wird meistens beibehalten, nur der Überwindungsmodus ändert sich“ (Fox-Boyer/Neumann 2017, 29). So wird bspw. ein /f/ als [p], ein stimmhaftes /v/ als [b], ein /s/ als [t] oder ein stimmhaftes /z/ als [d] ausgesprochen.

BEISPIEL

Die nun folgenden drei Beispiele zeigen, wie eine Klasse oder einzelne SchülerInnen in Anlehnung an die rezeptive Vorphase bzw. der Phase I der P.O.P.T. zum Prozess Plosivierung von /sch/ gefördert werden können.

Material:

- Eine Handpuppe, die mit ihrem Mund bzw. Maul etwas aufnehmen und damit *essen* kann.
- Verschiedene kleinere Anschauungsmaterialien/Dinge zum Ziellaut /sch/ bzw. Ersatzlaut bzw. Bildkarten davon.

Vorbereitung:

- Man sucht evtl. Bildkarten von Nomen, Verben oder Adjektiven zum Ziellaut /sch/heraus und druckt die Karten aus.
- Es wird eine kleine Liste mit *falschen* Wörtern zu den Begriffen, die verwendet werden sollen, erstellt (Tab. 5). Dann muss in der Situation nicht soviel nachgedacht werden. Dies ist besonders wichtig, wenn ein oder mehrere Kinder mit Aussprachestörung gezielt gefördern werden sollen. Nur dann kann der Kontrast zwischen dem Zielphonem und der Realisation der SchülerInnen (phonologischer Prozess) herausgestellt werden.

Vorphase: Spielerische Förderung für alle Kinder der Klasse
Voraussetzung: keine
Ziel: Die Aufmerksamkeit wird auf die phonologische Form eines Wortes gelenkt: die SchülerInnen sollen entscheiden, ob ein Begriff richtig oder falsch benannt wurde.

Hierarchisches Vorgehen: Zuerst werden grobe Abweichungen vom Wort präsentiert, im Anschluss werden Ziel- versus Ersatzlaute der SchülerInnen bewusst im Wort verwendet.
Durchführung: Die Handpuppe und ihre ausgesuchten Materialien oder Bildkarten werden zur Hand genommen. Im Folgenden werden 10 Wörter mit dem Phonem /sch/ aus dem Grundwortschatz NRW ausgewählt: Fisch, Flasche, Kirsche, Schaf, Schiff, Tasche, Schule, Schaukel, Schal, Tisch.

Es kann z.B. Folgendes zu der Klasse gesagt werden:
„Ihr kennt ja Frieda, unsere gefräßige Krokodil-Dame. Ihr wisst, dass sie wirklich alles frisst- am liebsten schöne bunte Bilder. Heute wollen wir sie mal wieder füttern, und zwar mit neuen leckeren Bildkarten. Sie bekommt von euch allerdings die Bildkarte nur zum Fressen gereicht, wenn sie das Wort darauf auch richtig gesagt hat. Aber das kann ja was werden. Die Frieda kann ja die Wörter nicht richtig aussprechen. Na, wir schauen mal …
Lehrkraft: „So, Frieda, möchtest du das hier essen?“
(Die Lehrkraft nimmt die erste Karte mit dem Fisch in die Hand).
Frieda: „Jaaaaa!“
Lehrkraft: „Wie heißt das denn?“
Frieda: „Ganz klar – das ist ein Fatsch!“
Lehrkraft zur Klasse: „Ist das richtig? Darf sie die Karte essen?“

TIPP

Damit es nicht so laut wird, lassen Sie die Kinder mit Handzeichen antworten: Daumen rauf bzw. runter.

BEISPIEL

Die Klasse zeigt Daumen rauf oder runter.
Lehrkraft: „Genau. Das war nicht richtig. Versuch es doch nochmal, Frieda!“
Frieda: „Ein Fisch!“
Lehrkraft zur Klasse: „Richtig oder falsch?“
Die Klasse zeigt Daumen rauf oder runter.
Lehrkraft (wählt ein Kind mit richtiger Antwort aus): „Mia, dann komm nach vorne und füttere Frieda mit der Karte!“
Frieda nach dem Füttern: „Hmm, lecker, ich will mehr!“

Nun geht die Lehrkraft die Zielwörter durch und bietet einmal direkt die richtige Version an, manchmal 2x hintereinander den groben Abweicher (damit kein Muster zu erkennen ist). Als Variation kann auch ein Kind die Handpuppe Frieda übernehmen. Dann benennt die Lehrkraft selbst die Karten richtig oder falsch und Frieda darf den Mund nur zum Fressen aufmachen, wenn das Wort richtig artikuliert wurde.

Tab. 5: Liste mit „Beispielwörtern" zur Vorphase der P.O.P.T (**A1, s. Onlinematerial**)

Zielwort	**Grobe Abweicher (z.B.)**	**Phonol. Kontrast /sch/ → [t]**
Fisch	Fatsch	Fitt
Flasche	Flutsche	Flatte
Kirsche	Knopsch	Kirte
Schaf	Schome	Taf
Schiff	Schumps	Tiff
Tasche	Timpe	Tatte
Schule	Schellme	Tule
Schaukel	Schrepsel	Taukel
Schal	Schilm	Tal
Tisch	Fretsch	Titt

TIPP

Beim Ausdenken von Pseudowörtern (je nach Prozess) muss darauf geachtet werden, dass diese auch den phonotaktischen Regeln der deutschen Phonologie entsprechen, d.h. dass nur Lautfolgen im Pseudowort vorkommen, die im Deutschen vorkommen können. Ein Pseudowort wie /sputi/ könnte man nicht einsetzen, /schputi/ schon.

BEISPIEL

Phase I: Einführung in die Arbeit mit P.O.P.T.-Lautsymbolen

Ziel: Die Phase I ist wiederum eine rein rezeptive Arbeitsphase, in der aber die P.O.P.T.-Lautsymbole eingeführt werden, um damit später u.a. in der Stationsarbeit oder generell im Unterricht arbeiten zu können. Kinder (mit Aussprachestörungen) sollen einen Ersatzlaut eines Prozesses (hier: Plosivierung von Frikativen) im phonologischen Kontrast zum *richtigen* Ziellaut erkennen und korrekt abspeichern.

Material:

- Lautsymbole aus der P.O.P.T. (gut als Wiedererkennungswert aus der Therapie für betroffene Kinder), ggf. ergänzt mit zugehörigen Buchstaben (Fox-Boyer 2016, Link s. Onlinematerial)
- Bildkarten mit dem Ziellaut und mit dem Ersatzlaut (Merke: Pro Karte darf nur *ein* jeweiliger Laut vorkommen) (Bei Trialogo und Lingoplay finden sich Materialien, wie Bildkarten und Spiele, zu allen Lauten und vielen Lautverbindungen.)

Vorbereitung:

- Die Lautsymbole der P.O.P.T. werden heruntergeladen, ausgedruckt und ausgeschnitten (jeweils in der benötigten Menge = dieselbe Anzahl wie Bildkarten).
- Die Bildkarten zu /sch/ und /t/ werden zurechtgelegt.

Durchführung:

Den SchülerInnen der Klasse werden sowohl die Ziellaute (hier: /sch/) als auch Ersatzlaute (je nach Ersatzlaut, hier: /t/) mit ihren Merkmalen erklärt. Gemeinsam mit den SchülerInnen wird entdeckt, wo der Laut produziert wird, was die Zunge oder die Lippen dabei machen (Artikulationsstelle), wo und wie die Luft entweicht (Überwindungsmodus), ob man die Stimme dabei braucht (Stimmgebung) etc. und vor allem, wie der Laut klingt (Kap. 5.1, Lautdauer). Zur besseren Einprägung der Lautmerkmale werden sowohl die Ziel-, als auch die Ersatzlaute mit Lautsymbolen der P.O.P.T. belegt und somit visuell als Merkhilfe eingesetzt (Abb. 11).
Für das /sch/ als Ziellaut könnte dies so gehen:
Lehrkraft: „Schau einmal! Ich habe dir ein Bild von einer Dampflok (Lokomotive) mitgebracht. Vielleicht kennst du so eine Lok noch von einer Holzeisenbahn. Die Lok raucht und zischt ganz laut, wenn sie fährt. Dann hört sie sich so an: [sch, sch, sch]. Dabei kommt dann ganz viel Rauch aus ihrem Schornstein. Wenn ich das Geräusch [sch] mache, dann forme ich

mit meinem Mund auch einen Schornstein. Schau mal – ich mache meinen Mund ganz rund und stülpe die Lippen nach vorne. Beim [sch] kommt dann auch Luft aus meinem Mund. Das kann man sogar fühlen (sie hält sich die flache Hand vor den Mund) – [sch]. Ein [sch] kann man auch ganz lange aushalten [sch.........], bis die Luft weg ist. Hier unten in der Stimmkiste (sie fühlt an ihrem Kehlkopf) passiert dabei nichts. Beim [sch] brauchen wir also keine Stimme, nur Luft. Das Bild von der Lok steht also für den Laut [sch]."

Abb. 11: Lautsymbole der Lok /sch/ und des tropfenden Wasserhahns für /t/ (Fox-Boyer 2016)

Davon wird dann der Ersatzlaut (hier: /t/) abgegrenzt. Artikulationsstelle und Stimmgebung bleiben hierbei gleich. Das /t/ unterscheidet sich nur in seinem Überwindungsmodus, da er ein Plosiv (Sprenglaut) ist. Dies kann gut anhand des Lautsymbols des tropfendenden Wasserhahns verdeutlicht werden.

Im Anschluss zeigt die Lehrkraft immer eine Bildkarte zu /sch/ oder /t/ und lässt diese von den Kindern benennen und dem richtigen Lautsymbol zuordnen. Als Belohnung wird dem Kind die Lautsymbolkarte überreicht.

Phase I: Gezielte Stationsarbeit mit P.O.P.T. Lautsymbolen und dem Hörstift

Ziel: Festigung der rezeptiven Wahrnehmung und ggf. Evozieren der Produktion des Phonems /sch/ im Wort (oder auf Silbenebene)

Material:

- Lautsymbolkarten der P.O.P.T. (Fox-Boyer 2016, Link s. Onlinematerial)
- Würfelspielvorlage „Unter Wasser“ (A2, Onlinematerial)

Vorbereitung:

- Die Lautsymbole zu /sch/ und /t/ der P.O.P.T. werden heruntergeladen, ausgedruckt und ausgeschnitten.
- Die Bildkarten zu /sch/ und /t/ werden zurechtgelegt.
- Zur Selbstkontrolle des Würfelspiels werden alle Karten zum /sch/ bzw. zum /t/ zusammen mit dem zugehörigen Lautsymbol auf jeweils eine DIN-A4-Seite kopiert (ggf. verkleinert).
- Wenn mit dem Hörstift gearbeitet werden soll, muss jede Bildkarte mit einem digitalen Sticker beklebt und dieser mit dem jeweiligen Zielwort besprochen werden.
- Würfelspielvorlage ausdrucken und ggf. laminieren.

Durchführung:

Unser Beispiel arbeitet direkt mit realen Wörtern. Man kann sich aber auch nach derselben Idee Vorlagen zu den einzelnen Ziellauten, Konsonant-Vokal-Kombinationen (Silben) oder Pseudowörtern (Tab. 5, Onlinematerial/A1) erstellen.

Die Würfelspielvorlage wird mit einem Würfel an der Station bereitgestellt. Beide Lautsymbolkarten für das /sch/ und /t/ kommen auf die entsprechenden Felder. Die Bildkarten werden zusammen gemischt und wahllos in zwei Stapeln verdeckt auf das rote und blaue Feld gelegt. Die Kinder würfeln nun abwechselnd und landen immer auf einem roten oder blauen Feld. Vom entsprechenden Stapel wird eine Karte gezogen und das Bild benannt. Bei Unsicherheiten kann mit dem Hörstift kontrolliert werden. Danach wird die Bildkarte einem Lautsymbolbild zugeordnet, indem die Karte auf das freie Feld unter dem Symbol gelegt wird. Wenn man im Ziel angelangt ist und noch nicht alle Bildkarten verbraucht sind, kann man diese noch (abwechselnd oder gemeinsam) auf die Lautsymbol-Stapel aufteilen. Abschließend werden die Stapel anhand des Lösungsblattes kontrolliert.

Weitere Variation: Die Bildkarten doppelt kopieren oder Zwillingsbilder von Trialogo verwenden und als Memory an der Station vorbereiten. Beide Lautsymbolkarten für das /sch/ und /t/ werden links und rechts vom Memory platziert.

Die Kinder drehen abwechselnd zwei Karten um und benennen die jeweiligen Bilder. Bei Einsatz des Hörstifts kann auch zur Kontrolle danach das Bild *gehört* werden. Wenn ein Pärchen gefunden wurde, wird es einem Lautsymbol zugeordnet. Zum Abschluss des Memorys werden die Stapel von der Lehrkraft kontrolliert oder es wird zur Selbstkontrolle ein weiterer Sticker auf der Rückseite des Lautsymbols mit allen zugehörigen Bildkarten besprochen.

TIPP

Wenn Sie die Lautsymbole für sich laminieren und in einer kleinen Box verstauen, haben Sie diese für lange Zeit immer griffbereit und können sie evtl. mit Mundbildkarten oder Lautgesten im Unterricht verbinden (Kap. 5.1, Lautgesten). Sie könnten auf der Rückseite der Symbolkarten noch Magnetstreifen anbringen und die jeweilige Karte dann unter der Stelle des Phonems in einem aufgeschriebenen Wort an der Tafel befestigen. Bringen Sie die Symbolkarte(n) auch am Sitzplatz des Kindes an, geben Sie ihm dadurch eine ständige Merkhilfe des zu überwindenden phonologischen Prozesses. Somit werden Zielphoneme auch für andere KollegInnen visualisiert. Sie können auf die Lautsymbolkarten digitale Sticker des von Ihnen benutzten Hörstifts platzieren und mit dem jeweiligen Ziellaut besprechen.

BEISPIEL

Die hier vorgestellten Fördermöglichkeiten der P.O.P.T. können auch für weitere phonologische Prozesse eingesetzt werden, z. B.:

- Vorverlagerung von /sch/ zu [s]
- Vorverlagerung von Velaren /k, g, ng/ zu [t, d, n]
- Rückverlagerung von Alveolaren /t, d, n/ zu [k, g, ng]

Podcast **sprachfertig** *zum P.O.P.T.-Konzept, inklusive eines Interviews mit Dr. Annette Fox-Boyer (Link s.* **Onlinematerial***)*

Weitere Infos zur Entwicklung der Aussprache und deren Auffälligkeiten mit Beispielen finden Sie bei Fox-Boyer, A. (2018): Kindliche Aussprachenentwicklung (Link s. **Onlinematerial***)*

Den Link zum Material des Grundwortschatzes NRW finden Sie im **Onlinematerial***.*

Diese Bildkarten bieten sich an (Links im **Onlinematerial***):*

- *Grundschule Arbeitsblätter: Wo befindet sich das /sch/?*
- *Grundwortschatz NRW, jeweils Filter /sch/ und /t/*
- *Trialogo Zwillingsbilder /sch/ und /t/*
- *Lingoplay Aussprache /sch/ & /t/ Spolterspeine*
- *Programm zabulo, daraus Bildkarten zu /sch/ & /t/ erstellen lassen*

Als eine Einführung für die Klasse kann das Video „Schau in meinen Kopf und siehe, wie ich sprechen kann!" auf dem Youtube-Kanal **sprachfertig** *angeschaut werden. (Link s.* **Onlinematerial***)*

5.4.2 Wortschatz: Strategie-Training mit dem Wortschatzsammler

Der *Wortschatzsammler* wurde 2008 als erstes strategieorientiertes Therapiekonzept ursprünglich für lexikalisch beeinträchtigte Vorschulkinder entwickelt (Motsch/Brüll 2009, Ulrich/Schneggenburger 2012). Mittlerweile liegt er als Konzept für Kinder im Vorschul- und Schulalter vor (Motsch et al. 2018).

Effektivität im Schulalter

Studienergebnisse belegen, dass das Konzept des Wortschatzsammlers ein effektives Behandlungskonzept zur Verringerung lexikalischer Störungen für den gesamten Primarstufenbereich darstellt (Motsch/Marks 2013, Motsch/Marks 2014). Zudem konnten Generalisierungseffekte der Therapie auf ungeübtes Wortmaterial nachgewiesen werden (Marks 2017). Auch mehrsprachig aufwachsende Kinder mit geringen Deutschkenntnissen profitierten hiervon. Dabei war die Relevanz der Unterstützung der spezifischen Förderung durch das schulische Umfeld deutlich erkennbar (Motsch et al. 2018).

Laßmann und Ulrich (2020) entwickelten das spezifische Förderkonzept des Wortschatzsammlers für den Unterricht. Dieses wird innerhalb einer randomisiert-kontrollierten Interventionsstudie auf seine Effektivität überprüft.

Ziel

Die lexikalische Strategietherapie *Der Wortschatzsammler* zielt darauf ab, Kindern mit lexikalischen Störungen sowohl semantische als auch lexikalische Lernstrategien zu vermitteln. Zur Zielgruppe gehören Kinder mit Problemen in der Wortaufnahme, bei der Wortspeicherung und beim Wortabruf sowie der Kategorisierung und semantischen Abgrenzung. Die betroffenen Kinder sollen zu eigenaktiven WortlernerInnen werden und dadurch bereits entstandene lexikalische Defizite aufholen (Motsch/Marks 2014). Dies entspricht den Kompetenzerwartungen des selbstregulierenden, autonomen Lernens in der Wortschatzarbeit im schulischen Kontext (Brandt/Gogolin 2016).

fünf Strategien

Das Therapiekonzept des Wortschatzsammlers verfolgt fünf verschiedene Strategien, die auch im sprachförderlichen Unterricht einfach umgesetzt werden können: Selbstevaluationsstrategien, Fragestrategien, Strategien zum verbesserten Einspeichern des Wortmaterials, self-cueing-Strategien bei Abrufschwierigkeiten sowie Kategorisierungsstrategien (Tab. 6).

Tab. 6: Die fünf Strategien der Förderung mit dem Wortschatzsammler (aus Ulrich / Schneggenburger 2012, 65)

Strategie	Ziel	Beispiele
Selbstevaluationsstrategien	aktives Suchen nach unbekannten Wörtern	Welche Dinge in der Kiste kenne ich nicht? Welche Dinge sind mir im Alltag unbekannt?
Fragestrategien	a) Frage nach der Bedeutung: semantische Elaboration b) Frage nach der Wortform: phonologische Elaboration	Wozu braucht man das? Was kann man damit machen? Wie fühlt sich das an? Wer macht so etwas? Was braucht man dafür? Wie heißt das? Was ist das?
Speicherstrategien für schwierige Wörter	verbessert Enkodierung durch Segmentieren oder Memorieren (> Aktivieren des rehearsal Prozesses)	Zu den Silben des Wortes hüpfen, klopfen, klatschen, … „Zaubertrick“: mehrfaches, gedehntes Sprechen des Wortes
Abrufstrategien	Eigenständiges Deblockieren (self-cueing) bei Zugriffsschwierigkeiten durch Erinnern aller verfügbarer Informationen zu einem Wort	Wie fing das Wort an? Es klang so ähnlich wie… Das war doch gelb und schmeckte ganz sauer. Das habe ich auch gestern beim Einkaufen gesehen.
Kategorisierungsstrategien	Verdeutlichen von vielfältigen Gliederungsprinzipien und semantischen Relationen, Anstoßen von taxonomischer Gliederung	Welche Dinge passen zusammen? Warum? Können wir für diese Dinge eine gemeinsame Überschrift finden? Was gehört nicht auf diese Seite?

neue Wörter suchen Bei der *Strategie der* Selbstevaluation geht das Kind selbstaktiv auf die Suche nach unbekannten Wörtern, die als *Schätze* bezeichnet werden. Diese positive Konnotation lenkt das Kind von der defizitären Sichtweise „ich weiß das nicht" hin zu den Prinzipien des neuen Blicks bzw. des wachen Ohrs (Motsch et al. 2018). Das Kind soll sich als EntdeckerIn oder FachwortkommissarIn (Bastian 2015) erleben.

Fragen Die *Strategie des Kindes, Fragen zu stellen,* soll nicht nur geduldet sein, sondern explizit gewünscht und verstärkt werden. Unbekannte Wörter werden durch Bedeutungsfragen (Tab. 6) semantisch ausgearbeitet oder nach ihrer Wortform phonologisch elaboriert. Das Kind erfragt nach dem *Prinzip des neuen Muts* somit genau den Teil des lexikalischen Wissens, der ihm nicht zugänglich ist (Ulrich/Schneggenburger 2012, Motsch et al. 2018).

Einspeichern SchülerInnen mit Sprachentwicklungsstörungen haben Probleme drei- und mehrsilbige Wörter bzw. Wörter mit Konsonantenverbindungen einzuspeichern.

Für diese Kinder können *Strategien zum verbesserten Einspeichern* angeboten werden. Dies hat sich bei längeren bzw. phonologisch komplexen Wörtern bewährt. Ziel ist, das neu zu erlernende Wort durch Wiederholung spielerisch so lange in der phonologischen Schleife zu halten, dass es mit seiner korrekten Wortform im mentalen Lexikon abgespeichert werden kann. Hier kann man z. B. das phonologische Durchgliedern (Silbenklatschen) oder das dreimalige laute Aussprechen des Wortes als *Zaubertrick* ansetzen (Motsch et al. 2018, Ulrich/Schneggenburger 2012).

Abrufen *Strategien zum Wortabruf* helfen Kindern bei Schwierigkeiten im Zugriff auf vorhandene lexikalische Einträge, sich selbst zu deblockieren. Diese Technik nennt man *self-cueing*. Hierbei werden die Kinder ermutigt, sich über Wortabruf-Tipps (Tab. 6; W1, Tipp-Tafel Onlinematerial) ganz viele unterschiedliche Informationen zu dem gesuchten Wort ins Gedächtnis zu rufen, um dadurch auf das entsprechende Wort/den Begriff zu kommen. Motsch et al. (2018) fassen daher sowohl die Einspeicher– als auch die Abrufstrategie unter dem *Prinzip des neuen Know-Hows* des Kindes zusammen.

Kategorisieren Wenn Kinder lernen, dass Wörter mit anderen Wörtern in Beziehung stehen und z. B. nach Ober- und Unterbegriffen sortiert werden können, dann kommen *Kategorisierungsstrategien* zum Einsatz. Hierbei finden die Kinder heraus, wie man neue Wörter schon bekannten zuordnen kann bzw. wie diese zusammenhängen. Das unterstützt die Festigung im mentalen System. Es geht hierbei um die Kategorisierung nach Oberbegriffen, Gegenteilen, Wörtern mit zwei verschiedenen Bedeutungen oder Synonymen (Tab. 6; W1 Tipp-Tafel Onlinematerial) (Marks 2017, Ulrich/Schneggenburger 2012).

gezielter Einsatz im Unterricht

Die Methoden des Wortschatzsammlers können leicht in den Unterricht der Primarstufe im inklusiven Setting integriert werden. Er kann im Schulalltag für alle Kinder, aber insbesondere für SchülerInnen mit Sprachentwicklungsstörungen, Lernschwierigkeiten oder DaZ eingesetzt werden (Motsch et al. 2018, Marks 2017). Somit können auch Fachbegriffe in allen Fächern besser *gefunden, eingespeichert* und *abgerufen* werden. Der Wortschatzsammler bedient damit die Standards für die Kompetenzbereiche des Faches Deutsch für die Aufgabe „Wörter sammeln und ordnen" im Bereich *Sprache und Sprachgebrauch untersuchen* (KMK 2004, 12).

Mit einer positiv besetzten Fragekultur in angstfreier Umgebung fällt es den SchülerInnen leicht, ihre eigenen lexikalischen Lücken zu erkennen und eigenaktiv anzugehen (Ulrich/Marks 2018). Wenn die lexikalischen Strategien mithilfe des Wortschatzsammlers von der Lehrkraft im Unterricht eingeführt und regelmäßig aufgegriffen werden, können sich SchülerInnen autonom bei der Wortschatzarbeit weiterhelfen. Das kann in großen und heterogenen Klassen eine Arbeitserleichterung darstellen. Die Einführung der zentralen lexikalischen Strategien kann man am besten spielerisch anhand eines Sprachvorbilds (z. B. der Handpuppe Tom) vornehmen. Dann geht es darum, *Schätze* (neue Wörter) im Rahmen der Schulstunden zu finden. Die SchülerInnen markieren Wörter/Bilder von Dingen, die für sie *Schätze* sind, auf Arbeitsblättern. Diese werden dann entweder im großen Rahmen gemeinsam durch die Strategien erarbeitet (z. B. bei neuen Fachwörtern, die alle nicht kennen) oder einzeln von den Kindern selbst (mit Nachfragen) eruiert.

Tipp-Tafel

Die Tipp-Tafel soll den SchülerInnen helfen, sich mit unterschiedlichen Tipps zu den Strategien selbst zu helfen, das neue Wort zu memorieren bzw. abzurufen.

TIPP

Für jede/jeden SchülerIn in der Klasse wird eine eigene Tipp-Tafel (W1, Onlinematerial) ausgedruckt, laminiert und auf den Arbeitsplatz gelegt. Hinter jeden Tipp, der beachtet wurde, wird eine kleine Klammer geheftet (Motsch et al. 2018). Alternativ kann die Tipp-Tafel auch als Klassenplakat vergrößert und für alle gut sichtbar im Klassenzimmer aufgehängt werden.

Im Sachunterricht wird zum Thema *Tiere im Wald* das Eichhörnchen in seinem Lebensraum besprochen. Die Fachbegriffe wie Kobel können sich die Kinder anhand der Tipp-Tafel (Tab. 7) erarbeiten, die Abb. 12 zeigt.

Tab. 7: Vorgehen mit der Tipp-Tafel am Beispiel des Begriffs Kobel

Tipp-Tafel für neue Wörter	
Neue Wörter suchen	Welche Dinge auf dem Materialtisch kenne ich nicht? Welche Wörter im Text/auf dem Arbeitsblatt sind mir nicht bekannt? Wie heißen Gegenstände im Klassenraum? → *Ich kenne den Kobel nicht, das ist ein Schatz!*
Fragen stellen	Wozu braucht man das? → *Eichhörnchen brauchen den Kobel zum Schlafen und für ihre Babys.* Was kann ich damit machen? → *Ich selber eigentlich nichts.* Wie sieht es genau aus (z.B. welche Teile umfasst es?)? → *Der Kobel ist ein Nest aus Baumnadeln, Zweigen und Blättern. Innen ist es mit Moos, Blätter, Gras, Rinden und Federn ausgepolstert.* Wer kann das gebrauchen? → *Nur Eichhörnchen* Braucht man noch was anderes, um es zu nutzen? → *Nein* Hat es Kanten/Winkel? → *Nein, es ist rund.* Was ist das? Wie heißt das? → *Kobel* Hört sich das Wort ähnlich an wie ein anderes Wort, das ich schon kenne? → *Kobel reimt sich auf Hobel.*

Einspeichern	Zaubertrick: Wort mind. 3x laut vor sich hinsprechen → *Kobel, Kobel, Kobel* Die Silben des Wortes klatschen oder leise auf den Tisch klopfen → *Ko- bel*
Abrufen	Wie fängt das Wort an? → *Mit K* Das hört sich so ähnlich an wie … bzw. das reimt sich auf … → *Hobel* Das kann man x-mal klatschen → *2-mal* Wie sieht es aus? → *ähnlich wie ein Vogelnest, nur als Kugel* Wie fühlt es sich an? → *Außen rau und innen weich gepolstert.* Wie schmeckt es? - Wer braucht es? → *Das Eichhörnchen* Was kann man damit machen? → *Ein Nest für Eichhörnchen*

Schatzkiste

Die neuen Wörter müssen natürlich gesichert werden. Bei Wörtern einer neuen Unterrichtsreihe kann es helfen, die Begriffe mit zugehörigen Fotos / Abbildungen / Piktogrammen und entsprechendem Schriftbild an die Tafel oder Pinnwand zu heften. Hierzu findet sich ein *Schatzbanner* (W2) in bunt und s / w zum Vergrößern und ggf. Ausmalen im Onlinematerial. Die Wörter können aber auch in einer gemeinsamen *Klassenschatztruhe* aufbewahrt werden. Die Schätze werden in der Truhe bzw. persönlichen Schatzkiste (s.u.) in alphabetischer Sortierungsstrategie kategorisiert. Hier bieten sich Karteikarten an, die sich im Sinne des Wortschatzsammlers nach einem konkreten Muster aufbauen (Motsch et al. 2018).

Kobel

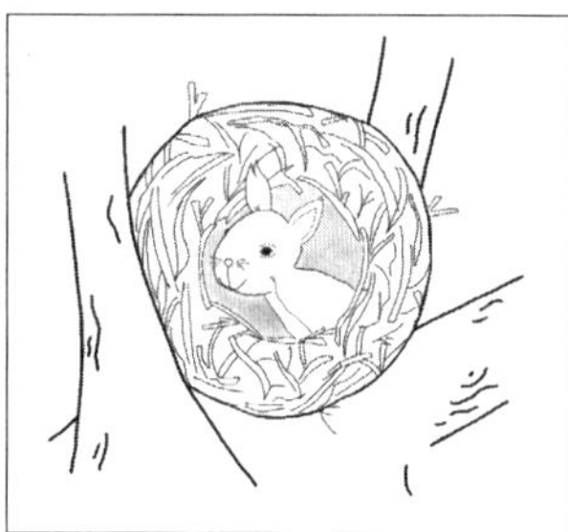

Nest vom Eichhörnchen
Zum Schlafen und für die Babys
Reim: Hobel
2x klatschen

Abb. 12: Beispiel zum Aufbau einer Wortschatzsammler-Karteikarte „Kobel"

Wie in Abb. 12 dargestellt, notiert man auf der linken Seite das Schriftbild des Wortes und auf der rechten Seite fügt man ein/e Abbildung/Foto/Piktogramm dazu. Hierzu werden dann semantische und/oder phonologische Merkmale bzw. Beziehungen zu anderen Wörtern aufgeschrieben. Wenn weitere Wörter hinzukommen, können diese mit vorhandenen verglichen und Gemeinsamkeiten ergänzt werden.

Es kann auch eine kleine persönliche Schatzkiste mit eigenen Schätzen im Fach/Regal des Kindes zu Verfügung stehen (s. Falt– und Klebevorlage W3 in bunt oder s/w zum Ausmalen im Onlinematerial).

BEISPIEL

Zur Umsetzung werden die folgenden **Materialien** pro Kind benötigt:

- Faltvorlage „persönliche Wortschatzkiste"
- Klebestift
- Miniatur-Fotos/Bilder/Piktogramme von den neuen Wörtern der Unterrichtsreihe
- Karteikarten in der Größe DIN A8 oder Wortschatzsammler-Karteikartenvorlage auf dickerem Papier ausdrucken/kopieren (W4, Onlinematerial).

TIPP

Zur langfristigen Einführung des Wortschatzsammlers im Unterricht empfiehlt es sich, Bildmaterial in ausreichender Menge in Bezug auf die entsprechenden Unterrichtsreihen, mathematischen Operationen (Piktogramme), Fachwortschatz Sachunterricht, Sport, Kunst zur Verfügung zu haben.

Unterrichtspirat

Kinder, die sprachtherapeutisch begleitet werden und dort den Wortschatzsammler als Therapiekonzept kennenlernen, werden von der/dem SprachtherapeutIn dazu aufgefordert, auch in der Schule als *UnterrichtspiratIn* auf Wortsuche zu gehen.

TIPP

Hier könnten sich z.B. Schätze im Mathematikunterricht verbergen: die Namen der verschiedenen geometrischen Körper, mathematischen Operationen, Mengenverhältnisse u.v.m. (z.B. Umfang, Bruch, Quader, subtrahieren, addieren, spitzer/stumpfer Winkel) (Motsch et al. 2018, 260).

Hierbei kann das Kind sehr gut unterstützt und der Therapieerfolg verstärkt werden, wenn Lehrkräfte über die Methode des Wortschatzsammlers Bescheid wissen und diese in der Schule aufgreifen. Als UnterrichtspiratIn findet das Kind Wörter in der Schule oder am Wochenende zu Hause und notiert sie auf einem Wochenschatzplan. Die in die Therapie mitgebrachten Wörter werden dann gemeinsam erarbeitet. Als Belohnung erhält das Kind im therapeutischen Setting bis zu zwei Schatzstempel auf seiner Wortschatzsammler-Stempelvorlage.

Für den/die UnterrichtspiratIn wären kurze Kooperationsgespräche mit dem/der SprachtherapeutIn sehr hilfreich, um die Wochenschatzwörter zu kennen und deren Erarbeitung zu unterstützen. Dazu erhält die Lehrkraft als Teil des Konzepts ein Informationsschreiben von der SprachtherapeutIn (Motsch et al. 2018).

Zum Weiterlesen mit konkreten Praxisbeispielen:

Marks, D.-K. (2015): Wortschatzsammler im Schulalter – Kasuistische Illustrationen. Logos, 23 (4), 280–289

Schick, K., Mayer, A., Weitz, M. (2016): Unterrichtintegrierte Förderung lexikalischer Fähigkeiten am Beispiel des Englischunterrichts. In: Stitzinger, U., Sallat, S., Lüdtke, U. (Hrsg.): Sprache und Inklusion als Chance?! Expertise und Innovation für Kita, Schule und Praxis. Schulz-Kirchner, Idstein, 155–168

Ulrich, T. (2017): Lexikalische Störungen. In: Mayer, A., Ulrich, T. (Hrsg.): Sprachtherapie mit Kindern. Ernst Reinhardt, München, 85–150

Ulrich, T., Schneggenburger, K. (2012): Lexikalische Strategietherapie für Vorschulkinder mit dem Wortschatzsammler. Sprachförderung und Sprachtherapie in Schule und Praxis, 1, 63–71

Podcast **sprachfertig** *zum Konzept des Wortschatzsammlers inkl. eines Interviews mit PD Dr. Tanja Ulrich (Link s.* **Onlinematerial***)*

5.4.3 Grammatik: Morpho-syntaktische Förderung mit der Kontextoptimierung

Das unterrichts- und therapiedidaktische Konzept der Kontextoptimierung wurde von Motsch erstmals im Jahre 2004 publiziert und von Berg (2007) in ihrer Dissertation für den Unterricht weiter ausgearbeitet.

Evidenzen

Die Kontextoptimierung wurde in drei großangelegten, systematischen Interventionsstudien positiv evaluiert (Motsch 2017). Hierbei wurde die Effektivität und Effizienz des Konzepts an Kindern verschiedener Altersgruppen (Vorschul- und Grundschulalter) mit unterschiedlichen Therapiezielen (Kasusrektion, Verbzweitstellung, Verbendstellung im Nebensatz und Subjekt-Verb-Kongruenz) und in diversen Settings (Kleingruppentherapie, unterrichtsintegrierte Phasen) belegt (Berg 2007, Riehemann 2008, Schmidt 2009).

Ziel

Übergeordnetes Ziel der Kontextoptimierung ist es, bei Kindern mit morpho-syntaktischen Entwicklungsverzögerungen bzw. -störungen, Blockaden im grammatischen Lernen aufzulösen und grammatische Lernprozesse zu intensivieren (Motsch 2017). Dabei werden hauptsächlich die Subjekt-Verb-Kongruenz, die Verb-Zweitstellung im Hauptsatz, die Kasusmarkierung in Akkusativ- und Dativkontexten mit Genusvariation sowie komplexe Syntax (z. B. Verb-Endstellung in subordinierten Nebensätzen, Relativsätze, Kausalsätze etc.) gefördert (Berg 2018).

optimierter Kontext?

„Kontext bedeutet für uns die konkrete Lernsituation der Therapieeinheit oder der Phase einer Unterrichtsstunde“ (Motsch 2017, 109). In diesem Kontext können Elemente optimiert geplant und verändert werden, um im Gegensatz zur Alltagssprache die grammatische Zielstruktur hervorzuheben, wie z. B.

- das ausgewählte *Sprachmaterial* zur Entdeckung grammatischer Regeln (u. a. kürzeste Zielstruktur inkl. Weglassen von morphologischen und syntaktischen Verwirrern),

- die *Situation* des Spiel- oder Unterrichtsrahmens,
- die lenkende *Sprechweise* der Lehrkraft zur Betonung der grammatischen Zielstrukturen (Kap. 5.1, Kap. 5.2) und
- weitere *Hilfen* zum Entdecken und Übernehmen der neu erlernten grammatischen Zielstruktur.

Die so optimierten Anpassungen lassen die kritischen, nicht so einfach zu erkennenden grammatischen Merkmale im idealen Fokus stehen. Dadurch wird dem betroffenen Kind die Verarbeitungs- und Speichermöglichkeit der grammatischen Zielstruktur erleichtert. Hierauf wird im Folgenden genauer eingegangen.

Prinzipien

Das Konzept der Kontextoptimierung (Abb. 13) versteht sich als integratives Konzept, welches die Stärken bisheriger Ansätze zur Grammatikförderung vereinigt (Motsch 2017). Neben einem Kick-off zur Einführung wird die zu erlernende grammatische Zielstruktur anhand der Prinzipien Ursachen- und Ressourcenorientierung sowie Modalitätenwechsel konsequent erarbeitet. Die vorangestellte Planung orientiert sich an der physiologischen Reihenfolge im Grammatikerwerb und an dem Vorgehen vom Leichten zum Schwierigen.

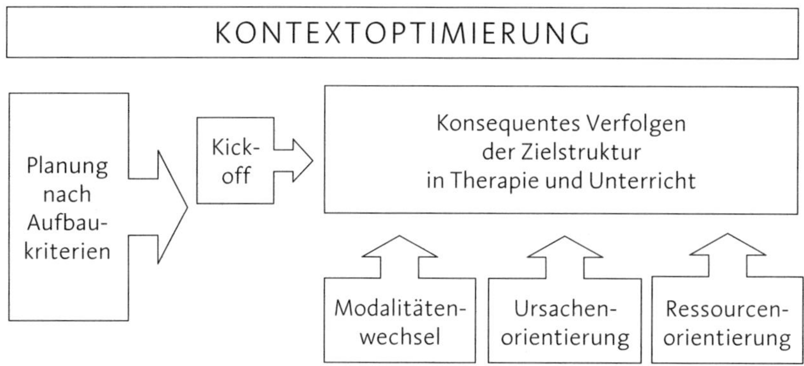

Abb. 13: Die Prinzipien der Kontextoptimierung (aus Berg 2018, 36)

Kick-off

Der *Kick-off* stellt einen spielerischen Anstoß zum Erfassen einer morphosyntaktischen Regel dar. Das Kind soll hierdurch einen emotionalen *AHA-Effekt* erlangen. Zu Beginn einer Unterrichtsphase wird ganz gezielt die Aufmerksamkeit auf eine spezifische grammatische Form gelegt, welche die SchülerInnen erlernen sollen (Berg 2018).

Ursachenorientierung

Kinder mit grammatischen Entwicklungsstörungen haben oft Probleme, phonetisch unauffällige morphologische Markierungen, wie z. B. Konsonanten in Finalstellung (das klangähnliche -n vs. -m) auditiv überhaupt zu differenzieren (= eingeschränkte phonematische Diskriminierungsfähigkeit) (Motsch/Rietz 2019). Weiterhin zeigen die Kinder geringere Leistungen im phonologischen Arbeitsgedächtnis und Probleme in der Wahrnehmung sowie Verarbeitung zeitlicher Abfolgen. Dies erschwert ihnen das Erkennen relevanter grammatischer Strukturen (Kannengieser 2019).

Das *Prinzip der Ursachenorientierung* beachtet die o.g. ursächlichen Auffälligkeiten der Kinder, indem „die Fähigkeit zur Wahrnehmung und Verarbeitung der kritischen Merkmale der Zielstruktur" bei den Kindern durch unterschiedliche Methoden erhöht werden sollen (Motsch 2017, 115). Hierunter fallen

- eine akzentuierte Betonung (z. B. von Morphemmarkierungen),
- die konsequente Reduktion der Äußerungslänge auf das für die Zielstruktur notwendige Minimum (Idee: Sprich nicht in ganzen Sätzen zum Ausschalten von überflüssigen Ablenkern im Satz) und
- das Erkennen und Vermeiden von sog. *Verwirrern*, die das Erlernen der grammatischen Zielstruktur eher einschränken würden (z. B. heißen – du heißt: Hier kann das Kind nicht erkennen, dass die Endung *–st* mit dem *du* zusammenhängt) (Motsch 2017, Berg 2018).

Ressourcenorientierung

Beim *Prinzip der Ressourcenorientierung* sollen kognitive, sensorische (alle Wahrnehmungskanäle), schriftsprachliche und metasprachliche Ressourcen des Kindes kompensatorisch genutzt werden, um das grammatische Lernen anzuregen (Motsch 2017). Zu den Methoden der Ressourcenorientierung gehören:

- fokussierende Gespräche,
- Reflexion über Sprache (Meta-Sprache),
- handlungsorientierte situative Kontexte,
- Strukturierungshilfen (Verwendung von Symbolen, Piktogrammen und/oder (Laut)Gesten),
- Anschauung durch Schriftbild (Plakate, Arbeitsblätter, Wortkartenspiele) und
- motivierende Spiel- und Arbeitsformate, die immer wiederholt werden (= Reduktion von situativen Ablenkern) (Berg 2018).

Suchen Sie nach Vorlieben für bestimmte Aktivitäten im Klassenverband. Sind Ihre SchülerInnen eher Wort-EntdeckerInnen oder RollenspielerInnen?

TIPP

Modalitätenwechsel

Das *Prinzip des Modalitätenwechsels* zeigt sich in einer kontextoptimierten Phase des Unterrichts durch einen intervallartigen Wechsel zwischen weniger und stark sprachbewussten Arbeitsmethoden und damit auch zwischen Produktion, Rezeption und Reflexion. Nur durch diese Varianz an Modalitäten kann die Natürlichkeit der Sprache als Kommunikationsmittel erhalten bleiben und erprobt werden (Berg 2018).

Das verliebte -st

Das Rahmenthema *Das verliebte –st* wird als Kick-off für die Subjekt-Verb-Kongruenz (SVK) in der 2. Person Singular eingesetzt. Dieser Anstoß durch eine Geschichte und darauffolgende Spielsequenz rückt durch ein emotionales Erleben der SchülerInnen die zu entdeckende grammatische Regel, hier die SVK, in den Fokus (Motsch 2017).

BEISPIEL

Kick-off zur Subjekt–Verb-Kongruenz (SVK) in der 2. Person Singular für die gesamte Klasse

Material:

- Bild vom Du und –st in s/w (**G1** Onlinematerial) **oder**
- Bild vom Du und –st in bunt (**G2** Onlinematerial)
- Wortbilder in s/w oder bunt: bauen, hüpfen, kaufen, leben, malen, schwimmen, singen, spielen, stehen, stellen, trinken, ziehen (**G3a-l** Onlinematerial)
- ggf. Laminiergerät und Folien, Klettpunkte/Magnetsticker

Wenn Sie diese Fördersequenz regelmäßig einsetzen möchten, dann empfiehlt es sich, die Bilder und Wortbilder auszudrucken und zu laminieren. Schön ist, wenn noch Klebe-Klett oder Magnetsticker aufgebracht werden, sodass das –st an der richtigen Stelle des Verbs fixiert werden kann.

TIPP

BEISPIEL

Durchführung:

In Anlehnung an Berg (2018, 96) wird mit einer Geschichte gestartet. Dazu werden zwei SchülerInnen nach vorne geholt. Der/die eine hält das Bild vom Du, der/die andere ein Verb. Die Lehrkraft selbst spielt das verliebte –st. Hinweis: es ist wichtig, die morphologische Endung ‚ssst′ zu sagen und nicht ‚Es-Te'.
Lehrkraft: „Das hier ist das verliebte –st. [Lehrkaft zeigt das Bild vom –st]. Das –st ist ganz schön verliebt. Wisst ihr, in wen? Ich sag es euch: das –st ist in das Du verliebt. [Lehrkraft zeigt auf das Bild vom Du, welches ein/e SchülerIn vor sich hält]. Deshalb möchte das –st [Lehrkaft zeigt das Bild vom –st] auch immer gerne in der Nähe vom Du [Lehrkraft zeigt das Bild vom Du] sein.
Eines Tages fasst es sich ein Herz und spricht das Du an. [spielen] Das –st sagt dem Du, dass es so verliebt ist, und das Du wird ganz rot und antwortet: „Ich bin auch in dich verliebt. Aber wir passen so eng nicht gut zusammen. Schau mal: „Du-st" [Lehrkraft hält beide Bilder aneinander, es entsteht **kein** Herz]. Was soll das sein? Nee, wir brauchen noch was zwischen uns." So schnell geben die beiden nicht auf. Sie suchen nach einem Wort, dass sie verbinden könnte.
Da sehen sie ein Verb. Das Du ruft das Verb zu sich. [Die SchülerInnen spielen dies nach]. Dann kommt das –st hinzu und geht ganz eng an das Verb heran. [Lehrkraft klettet das –st an den Wortstamm des Verbs] Schaut mal alle her! Das passt gut so. Das Du und das –st sind nun glücklich in einem Herz vereint.
In Zukunft bleibt das –st die ganze Zeit in der Nähe vom Du. Und immer, wenn nun so ein Verb beim Du auftaucht, läuft es ganz schnell auch dorthin und stellt sich ganz eng dazu. So kann es immer wieder ganz nah beim Du sein."

Weiterführung 1: Die anderen 11 Verb-Bildkarten werden an weitere SchülerInnen ausgeteilt. Jedes Kind soll nun ausprobieren, ob auch sein Verb funktioniert, um das Du mit dem –st in einem Herz zu vereinen.

Weiterführung 2 in einer Sportstunde (in Anlehnung an Berg 2018):
Material:

- weitere Verb-Bildkarten, eine für jedes Kind der Klasse / Gruppe. Dazu werden nur kurze, einfache Verben in der Infinitivform ausgesucht.
  Im Onlinematerial findet sich hierzu eine Verb-Herzteil-Vorlage in s / w oder bunt als docx (G4).
- ggf. eine weitere Du – und – st-Bildkarte (für Variante 2)
- CD-Spieler o.ä.

Vorbereitung:
Es werden mit der Verb-Herzteil-Vorlage (G4, Onlinematerial) entsprechend viele Verb-Bildkarten vorbereitet, indem die Vorlage mit Wörtern aufgefüllt, ausgedruckt und ggf. laminiert wird.
Durchführung: Die Geschichte wird zu einem Lauf-, Such- oder Fangspiel ausgearbeitet.
Variante 1 (Fangen): Ein Kind erhält die Du-Bildkarte, ein Kind die st-Bildkarte, alle anderen SchülerInnen eine Verbkarte. Die beiden SchülerInnen mit der Du- und – st-Bildkarte stehen an einer Seite der Halle und halten sich an der Hand, alle anderen stehen auf der gegenüberliegenden Seite. Auf ein Signal hin versuchen alle SchülerInnen das Du- und – st-Pärchen als erstes zu erreichen und das Herz zu vervollständigen. Die rennen aber weg. Wer schafft es zuerst? Die drei SchülerInnen halten ihre Bildkarten aneinander, das – st klettet sich an die Verb-Bildkarte. Die Lehrkraft liest das Ergebnis laut vor, usw.
Variante 2 (Suchen): Alle gehen auf Musik kreuz und quer durch den Raum. Das Du- und – st-Pärchen gehen Hand in Hand. Nun stoppt der / die LehrerIn die Musik und ruft ein Verb im Infinitiv auf. Das Du- und – st-Pärchen und das benannte Verb müssen sich finden und aneinanderkletten, bevor alle anderen an einer vorbestimmten Hallenwand abschlagen. Wenn es erfolgreich war, liest die Lehrkraft das Ergebnis wieder laut vor.
Variante 3 (Wettkampf): Es gibt nun zwei oder drei Du- und – st-Pärchen. Diese gehen mit allen anderen SchülerInnen mit Verbkarten zur Musik quer durch den Raum. Wenn die Lehrkraft die Musik stoppt, versuchen sich schnellstmöglich ein Verb und eins der Pärchen in einem Herz zu vereinigen. Wer schafft es zuerst?

DEFINITION

Jedes Kind sollte einmal die Rolle des Du und einmal die Rolle des verliebten –st übernehmen, um den „Zusammenhang von Subjekt und Verbflexion prägnant zu erleben (handlungsmäßige Erfahrung) (Berg 2018, 97)."

BEISPIEL

Gezielte Stationsarbeit in Zweiergruppen zum Ziel *Dativmarkierungen*

Ziel: Das PartnerInnen-Spiel beruht auf der Idee *Schiffe versenken*. Bei dem Spiel wird der Dativ markiert im Zusammenhang mit Lokalpräpositionen (z. B. unter, neben). Ziel ist die intensive Rezeption und Produktion der entsprechenden Dativmarkierung durch die beiden SchülerInnen.

Material (G5-8 Onlinematerial):

- 2x die Tabelle „Wo steckt Hamster Balduin?" in s/w oder bunt
- 8 Hamster-Kärtchen s/w oder bunt, jeweils 4 Hamster pro Kind
- ggf. 52 X-Kärtchen s/w oder bunt
- Sichtschutz
- entweder Hörstift + 6 digitale Sticker oder 6 Kontrollkarten (doppelseitig auf dickerem Papier kopiert)

Vorbereitung:

- Die Tabelle „Wo steckt Hamster Balduin" 2x ausdrucken und als Spielfeld laminieren;
- genauso mit den 8 Hamster-Kärtchen und bei Wunsch auch den X-Kärtchen verfahren.
- Zur Selbstkontrolle entweder die 6 Kontrollkarten ausdrucken
- oder Hörstift: Die 6 Klebepunkte mit den Ortsangaben inkl. Dativmarkierung besprechen, z. B. de**m** Gartenhaus, wobei Sie das –m betonen und die Punkte neben das zugehörige Wort an die markierte Stelle kleben.
- Die Spielpläne an gegenüberliegende Seiten eines Tisches bereitlegen und den Sichtschutz dazwischen aufstellen.
- Jedes Kind erhält 4 Hamster und ggf. 26 X-Kärtchen.
- Kontrollkarten einzeln auf den Tisch legen, das einzelne Wort zeigt nach oben oder
- den Hörstift bereit legen.

Durchführung:
Jedes Kind legt seine vier Hamster auf einzelne Felder. Es geht nun darum, die Hamster vom Gegenüber zu finden. Die Frage ist: „Wo steckt Hamster Balduin?“ Dazu stellen sich die SchülerInnen abwechselnd gegenseitig verkürzte Fragen (kürzeste Zielstruktur, Ausschalten von Ablenkern), z.B:

- neben dem Gartenhaus?
- in der Pfanne?
- hinter der Badewanne?

Wurde ein Hamster entdeckt, muss er an den/die EntdeckerIn übergeben werden. SiegerIn ist, wer als Erstes alle vier Hamster des Gegenübers gefunden hat. Zur Erinnerung kann auf ein Feld, wo der Hamster nicht ist, ein X-Kärtchen (Niete) gelegt werden. Dann kann gezielter gefragt werden.

Zusatz-Arbeitsblatt „Hilf dem –st!“

Im **Onlinematerial** *finden Sie ein Arbeitsblatt (G9, s/w oder bunt) mit der Aufgabe „Hilf dem –st!“. Hier können die o.g. Übungen anhand von 8 Verben noch einmal gefestigt werden.*

5.4.4 Pragmatik: Förderung der Sprachverwendung im Kontext mit PraFIT

Das Therapiekonzept *PraFIT* von Achhammer (2014a) ist eine sprachtherapeutische Gruppenintervention zur Förderung pragmatisch-kommunikativer Fähigkeiten bei Kindern im Alter von 7 bis 12 Jahren. Die Abkürzung *PraFIT* steht für *Therapie Pragmatischer-Fähigkeiten mit Improvisations-Techniken.* Nach Achhammer (2015) rücken beim gemeinsamen Improvisieren Kommunikation und Interaktion in den Mittelpunkt. Hier ist ein improvisiertes Rollenspiel gemeint, das sich an dem kindlichen Rollenspiel orientiert (Achhammer 2014a, b).

Evidenzen

In einer ersten Evaluationsstudie mit Zwei-Gruppen-Prätest-Posttest-Design hat sich PraFIT als geeignetes Therapiekonzept für pragmatisch-kommunikative Störungen erwiesen (Achhammer 2015).

DEFINITION

pragmatische Störungen „Pragmatisch-kommunikative Fähigkeiten werden im situations- und kontextangemessenen Sprachhandeln deutlich" (Sallat et al. 2016, 119). Pragmatisch-kommunikative Störungen (PKS) beim Kind resultieren demnach aus einer mangelnden Anpassung der Sprachverwendung an den individuellen Kontext (Glück 2007). Hierunter fallen u.a. folgende Symptome: Probleme beim Turn-Taking, falsche Einschätzung des Wissensstandes des/der GesprächspartnerIn, Probleme beim Verständnis von Witz und Ironie, Defizite in der nonverbalen Kommunikation oder Probleme bei der Emotionserkennung (Achhammer 2014a).

Ziele PraFIT zielt übergeordnet darauf ab, durch einen kompetenten Einsatz von Sprache die Teilhabe an der Gesellschaft zu fördern (Achhammer 2014a). Kurz- bzw. mittelfristig sollen sich beim Kind das Turn-Taking, der Blickkontakt, die Fragehaltung, die Wahrnehmung, das ZuhörerInnenverhalten, der Wortschatz, die Erzählfähigkeit und die sozialen Interaktionen in der Gruppe sowie die Kommunikation im Alltag verbessern (Achhammer 2014a, b).

Aufbau Der Aufbau von PraFIT lässt sich als Therapiebaukasten aus den zentralen Techniken des Improvisationstheaters in drei Ebenen beschreiben, die Abb. 14 zeigt.

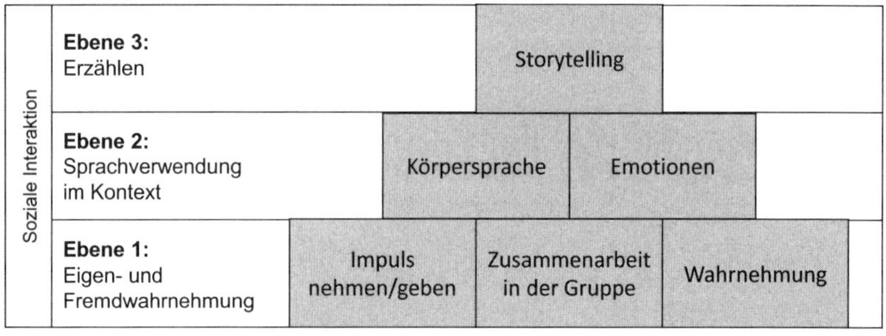

Abb. 14: 3 Ebenen und Therapiebausteine von PraFIT (nach Achhammer 2015, 4)

Hierin verortet sind die Kategorien Wahrnehmung, Reagieren, Status und Körpersprache sowie Storytelling, ergänzt durch die Kategorien Emotionen und Zusammenarbeit in der Gruppe. Die Kategorien bauen im Laufe der Therapie aufeinander auf. Insgesamt umfasst das Konzept 36 Übungsformate mit jeweiligen Steigerungsmöglichkeiten bezüglich ihrer Komplexität (Achhammer 2014a).

Ablauf einer Therapieeinheit

Eine 90-minütige Einheit beginnt mit der Begrüßung der Gruppe und einer Erzählrunde, in der über Erlebtes gesprochen und somit parallel die Erzählfähigkeiten ausgebaut werden. Darauf folgt ein Überblick über die Inhalte der aktuellen Therapieeinheit durch den/die TherapeutIn. Die Einheit startet mit der Aufwärmphase, in der vor allem Übungen aus der Therapieebene 1 zum Einsatz kommen (Abb. 14). Danach beginnt die Übungsphase, die je nach Stand aus Übungen der Ebenen 1 bis 3 gespeist wird, wobei immer an vorangegangene Inhalte angeknüpft wird. Die jeweilige Sitzung endet mit einem positiven Feedback an die TeilnehmerInnen zu ihren Lernfortschritten und einer Verabschiedung (Achhammer 2014a).

PraFIT im Unterricht

Therapiesequenzen aus PraFIT bieten sich aufgrund ihres Gruppencharakters hervorragend zum Einsatz im Grundschulunterricht an. Nach Sallat und Spreer (2014, 164) finden sich im Rahmens des Unterrichts, im Unterschied zur Sprachtherapie, generell viele natürliche „Realanlässe für sprachliches Handeln".

Die Förderziele der PraFIT stimmen zudem mit den Bildungsstandards für die Grundschule, Deutsch, 4. Klasse (KMK 2004, 9-14) überein. Kinder im Schulalter sind schon in der Lage, über Sprache und ihren Einsatz in verschiedenen Alltagssituationen zu reflektieren. Daher können direkte und explizite Fördermethoden in Lernformen wie Gruppendiskussion, Rollenspiel oder Stationenarbeit zum Tragen kommen.

Umgang mit Fehlern

Der Erwerb neuer (sprachlicher) Fähigkeiten gelingt nie fehlerfrei. Folglich ist ein positiver Umgang mit Fehlern in der Gruppe wichtig. „Gerade Kinder mit pragmatisch-kommunikativen Störungen, die aufgrund ihrer inadäquaten Redebeiträge häufig negative Rückmeldungen bekommen, benötigen eine geschützte Atmosphäre, in der Fehler erlaubt sind" (Achhammer 2014a, 111).

BEISPIEL

Die Übungen der folgenden zwei Beispiele sind der 2. Ebene der Sprachverwendung im Kontext zuzuordnen. Inhalte sind z.B. Impulse wahrnehmen, aufnehmen und weitergeben, die mit der Wahrnehmung von Emotionen und Körpersprache kombiniert werden.

Guten Tag ...! (Beruf + Satz + Antwort)

Ziel: Die SchülerInnen lernen ihr Vorstellungsvermögen für typische Bewegungen/Gesten eines bestimmten Berufes zu schärfen. Dazu müssen Sie sich erst in eine Rolle hineinversetzen und sie am Ende der Übung wieder verlassen. Weiterhin wird die ausgeübte Handlung aus der Rolle heraus gleichzeitig versprachlicht. Im Rollenspiel gibt es ein interaktives Gegenüber (weiteres Kind), sodass das Prinzip *Aktion-Reaktion* und die Übernahme von Redeanteilen erprobt werden können. Weiterhin wird ein Ideenangebot eines Kindes vom anderen aufgenommen und ggf. weiterentwickelt.

Material:

- evtl. Karten mit Vorschlägen zu Berufen (Wort- oder Bildkarten), (P1, Onlinematerial)

Vorbereitung:

- ggf. Tische und Stühle wegräumen, um Platz für das Rollenspiel zu schaffen
- ggf. Bereitlegen der Berufe-Karten

Durchführung:

Es spielen zwei SchülerInnen, der Rest der Gruppe ist das Publikum. Das eine Kind denkt sich einen Beruf aus oder zieht eine Karte. Dann beginnt es mit der Grußformel: „Guten Tag ..." und ergänzt dann Herr/Frau und den Beruf, z.B. „Guten Tag, Frau Gärtnerin!" Daraufhin fängt das angesprochene Kind an, den Beruf pantomimisch darzustellen, indem es sich bückt und mit einer imaginären kleinen Schaufel anfängt, ein Loch für eine Pflanze zu graben. Dazu sagt es z.B. „Guten Tag! Ich pflanze gerade eine Rose ein. Wenn sie größer ist, verkaufe ich sie auf dem Markt." Diese Idee nimmt das erste Kind nun auf und führt die Idee weiter: „Oh, was für eine schöne Rosensorte. Darf ich mal riechen? Oh, wie die duftet!". Hiermit ist die kleine Spielszene vorbei. Die SchülerInnen frieren in ihrer Bewegung ein. Bei Einsetzen von Applaus aus dem Publikum verbeugen sie sich.

TIPP

Versuchen Sie, darauf zu achten, dass hieraus nicht nur Einkaufs-Gespräche entstehen. Gerade SchülerInnen mit pragmatischen Auffälligkeiten neigen laut Achhammer (2014a) dazu, in solche kommunikativen Stereotype zu fallen. Loben Sie Interaktionen, in denen die SchülerInnen besonders gut aufeinander reagiert haben und reflektieren Sie das Gesagte sprachlich.

BEISPIEL

Sitzen zwei Kühe im Baum (modifiziert nach *Die Erbsen kullern* von Achhammer 2014a)

Ziel: Die SchülerInnen lernen unterschiedliche Emotionen körpersprachlich durch Mimik und Gestik sowie durch passenden stimmlichen Ausdruck darzustellen. Gerade SchülerInnen mit pragmatischen Auffälligkeiten haben Probleme damit, Emotionen richtig beim Gegenüber zu lesen und selber adäquat auszudrücken.

Material:

- Gefühls-Karten (z.B. Schäfer 2017, Link s. **Onlinematerial**)

Vorbereitung:

- Bereitlegen der Gefühlskarten
- evtl. Schriftbild des Satzes „Sitzen zwei Kühe im Baum und essen Kirschen. Kommt ein fliegendes Schwein vorbei. Sagt die eine Kuh zur anderen: Sachen gibt's!"

Durchführung:

Die Klasse oder Kleingruppe steht im Kreis. Zuerst wird der Zielsatz gemeinsam auswendig gelernt und mit Gesten eingeübt. Beim ersten Teil des Satzes „Sitzen zwei Kühe im Baum und essen Kirschen ..." werden mit der rechten Hand imaginäre Kirschen aus der linken Hand genommen und die Essens-Bewegung gestisch dargestellt. Bei „Kommt ein fliegendes Schwein vorbei" wird die rechte Hand wie ein Sichtschutz horizontal an die Stirn gehalten und dem Schwein somit hinterhergeschaut. Im folgenden Teil „Sagt die eine Kuh zur anderen: Sachen gibt's!?" wird bei „Sachen gibt's!?" gestisch und mimisch Ratlosigkeit ausgedrückt. Die Schultern werden hochgezogen, die Arme angewinkelt, die Handflächen zeigen nach oben.

Parallel dazu werden die Augenbrauen hochgezogen. Diese Abfolge wird mehrfach wiederholt, bis alle SchülerInnen es mitmachen können. Im Anschluss wird ein Gefühl ausgesucht oder aus den Karten gezogen. Mit der mimischen, gestischen und stimmlichen Gefühlsdarstellung wird die Mini-Geschichte nun wiederholt.

Ein Übungsvideo mit Gesten für den ersten Teil der Durchführung finden Sie im Youtube-Kanal **sprachfertig**. *(Link s.* **Onlinematerial***)*

Deutscher Bundesverband der akademischen Sprachtherapeuten (dbs, 2017): Pragmatische Störungen bei Kindern. Informationen für Eltern und Angehörige. (Ratgeber). (Link s. **Onlinematerial***)*

Literatur

Achhammer, B. (2015): Pragmatisch fit mit Therapie PraFIT. Sprachtherapie aktuell: Schwerpunktthema: Aus der Praxis für die Praxis 2: e2015-04; doi: 10.14620/stadbs150904

Achhammer, B. (2014a): Pragmatisch-kommunikative Fähigkeiten fördern. Grundlagen und Anleitungen für die Sprachtherapie in der Gruppe. Ernst Reinhardt, München

Achhammer, B. (2014b): Förderung pragmatisch-kommunikativer Fähigkeiten bei Kindern. Eine gruppentherapeutische Intervention mit Methoden des Improvisationstheaters. In: Glück, C., Sallat, S., Spreer, M. (Hrsg.): Sprache professionell fördern. Schulz-Kirchner, Idstein, 142–148

Achhammer, B., Reber, K. (2014): Durch Sprache handeln: In Unterricht und Therapie Kommunikation gestalten. Praxis Sprache, 59(2), 106–109

Alexander, R. J. (2006): Towards Dialogic Teaching. Rethinking Classroom Talk. 4th ed. Dialogos, Cambridge

Anselm, S., Werani, A. (2017): Kommunikation in Lehr-Lern-Kontexten. UTB, Stuttgart

Applebee, A. N., Langer, J., Nystrand, M., Gamoran, A. (2003): Discussion-based Approaches to Developing Understanding: Classroom Instruction and Student Performance in Middle and High School English. American Educational Research Journal 40(3), 685–730

Bastian, E. (2015): „Wer weiß was? – Wow! Wortschatz!" Fach-/Wortschatz – Lernstrategie – Training (FWLT). Ein Beispiel zur Adaption des Konzepts „Wortschatzsammler" für die Sekundarstufe I im Rahmen inklusiver Beschulung. Praxis Sprache 61(4), 270–273

Baumert, J., Kunter, M. (2006): Stichwort: Professionelle Kompetenz von Lehrkräften. Zeitschrift für Erziehungswissenschaft 9(4), 469–520

Belgrad, J., Schünemann, R. (2011): Leseförderung durch Vorlesen. Ergebnisse und Möglichkeiten eines Konzepts zur basalen Leseförderung. In: Behrens, U., Eriksson, B. (Hrsg.): Sprachliches Lernen zwischen Mündlichkeit und Schriftlichkeit. Hep, Bern, 144–171

Berg, M. (2019): Gesprächsregeln im Unterricht. Einführen und Üben. Fördermagazin Grundschule 3, 10–13

Berg, M. (2018): Kontextoptimierung im Unterricht. Praxisbausteine für die Förderung grammatischer Fähigkeiten. Ernst Reinhardt, München

Berg, M. (2007): Kontextoptimierte Förderung des Nebensatzerwerbs bei spracherwerbsgestörten Kindern. Shaker, Aachen

Berg, H. Ch., Schulze, T. (1995): Lehrkunst: Lehrbuch der Didaktik. Beltz, Weinheim

Berry, R. A. W. (2006): Teacher Talk during Whole-class Lessons: Engagement Strategies to Support the Verbal Participation of Students with Learning Disabilities. Learning Disabilities Research & Practice, 21 (4), 211 – 232

Berry, R. A. W., Englert, C. S. (2005): Designing Conversation: Book Discussions in a Primary Inclusion Classroom. Learning Disability Quarterly, 28, 35 – 58

Bezemer, J., Kress, G. (2008): Writing in Multimodal Texts. A Social Semiotic Account of Designs for Learning. Written Communication 25(2), 166 – 195

Bindel, W.R. (2007): Kognitives Modellieren als didaktisches Prinzip. In: Kohlberg, T. (Hrsg.): Sprachtherapeutische Förderung im Unterricht. Kohlhammer, Stuttgart, 144 – 160

Bindel, W.R. (2003): Förderung der Sprachentwicklung durch dialogisches Bilderbuchlesen. In: Ministerium für Bildung, Kultur und Wissenschaft (Hrsg.): Frühes Lernen – Bildung im Kindergarten. Universität Saarbrücken, Saarbrücken, 87 – 100

Bose, I., Kurtenbach, S. (2019): „Stolpersteine und Wunschsterne“. Förderung von Partizipation und Gesprächsfähigkeit in der Kita. In: Bose, I., Hannken-Illjes, K., Kurtenbach, S. (Hrsg.): Kinder im Gespräch – mit Kindern im Gespräch. Frank & Timme, Berlin, 113 – 147

Bose, I., Kurtenbach, S., Hannken-Illjes, K. (2019): Argumentative Fähigkeiten im Vorschulalter. Eine korpusbasierte Analyse. Forschung Sprache, 2. In: https://www.forschung-sprache.eu/fileadmin/user_upload/Dateien/Heftausgaben/2019-2/5-70-2019-02-03.pdf, 28.08.2020, 30.11.2020

Bourdieu, P. (2015): Was heißt sprechen? Zur Ökonomie des sprachlichen Tausches. New Academic Press, Wien

Brandt, H., Gogolin, I. (2016): Sprachförderlicher Fachunterricht. Erfahrungen und Beispiele. Waxmann, Münster

Cholewa, J., Siegmüller, J. (2017): „Beyond randomized control“ Plädoyer für mehr inhaltliche Transparenz, Systematik und Programmatik in der Sprachtherapieforschung bei SSES. LOGOS – Die Fachzeitschrift für akademische Sprachtherapie und Logopädie 25(2), 84 – 95

Claussen, C., Merkelbach, V. (2011): Erzählwerkstatt. Mündliches Erzählen. Westermann, Braunschweig

Demmer, M., von Saldern, M. (2010): „Helden des Alltags“. Erste Ergebnisse der Schulleitungs- und Lehrkräftebefragung (TALIS) in Deutschland. Waxmann, Münster

Dollase, R. (2012): Classroom Management. Theorie und Praxis des Umgangs mit Heterogenität. Oldenbourg, München

Drick, A. (2016): Erzähl' mal was! Kindliche Erzählfähigkeiten in der Kita fördern. In: https://www.kita-fachtexte.de/fileadmin/Redaktion/Publikationen/KiTaFT_Drick_Erzaehlfaehigkeit_2016.pdf, 27.08.2020, 30.11.2020

Drick, A. (2015): Sprachförderung im Kindergarten am Beispiel einer Intervention zur Förderung der kindlichen Erzählfähigkeit. Schneider Hohengehren, Baltmannsweiler

Eckert, H., Laver, J. (1994): Menschen und ihre Stimmen. Aspekte der vokalen Kommunikation (mit CD). Beltz, Weinheim

Eiberger, C., Hildebrandt, H. (2014): Lehrersprache richtig einsetzen. Trainingsbausteine für eine wirksame Kommunikation in der sonderpädagogischen Förderung. (1. bis 9. Klasse). Persen, Hamburg

Eikenbusch, G. (2013): Über Lehrersprache muss man sprechen ... Perspektiven für eine bessere Gesprächsführung in der Schule. Pädagogik 65(7–8), 6–11

Eschrich, U. (2015): Gespräche über Experimente. In: Gespräche über Lernen-Lernen im Gespräch. Springer VS, Wiesbaden, 267–281

Evertson, C. M., Weinstein, C. S. (2013): Handbook of Classroom Management. Routledge, New York/London

Eymann, U. (2013): Das sokratische Gespräch – eine moderne Form des Unterrichts?! Pädagogik – Leben 2, 20–21. In: https://bildung-rp.de/fileadmin/user_upload/p_files/Materialien/PL_Publikationen/13_2_PL/Das_sokratische_Gespraech.pdf, 27.08.2020, 30.11.2020

Fährmann, R. (1982): Elemente der Stimme und Sprechweise. In: Scherer, K. (Hrsg.): Vokale Kommunikation. Beltz, Weinheim, 138–164

Feilke, H. (2015): Transitorische Normen. Argumente zu einem didaktischen Normbegriff. Didaktik Deutsch 21(38), 115–136

Feilke, H. (2012): Bildungssprachliche Kompetenzen – fördern und entwickeln. Praxis Deutsch 233, 4–13

Fives, H., Buehl, M. M. (2012): Spring Cleaning for the Messy Construct of Teachers' Beliefs: What Are They? Which Have Been Examined? What Can They Tell Us? In: Graham S., Harris K.R., Urdan T. (Hrsg.): APA Educational Psychology Handbook: Individual Differences and Cultural and Contextual Factors, Vol. 2. American Psychiatric Association, Washington, 471–495

Folsom, J.S. (2017): Dialogic Reading: Having a Conversation about Books. In: https://iowareadingresearch.org/blog/dialogic-reading-having-a-conversation-about-books, 17.09.2020, 1.12.2020

Fox-Boyer, A. (2019): Psycholinguistisch orientierte Phonologie-Therapie (P.O.P.T). Therapiehandbuch. Schulz-Kirchner, Idstein

Fox-Boyer, A. (2016): Lautsymbole für die Phonologische Therapie. Anhang zu: Kindliche Aussprachestörungen Phonologischer Erwerb – Differenzialdiagnostik – Therapie. In: https://www.skvshop.de/objects/downloads/de/886.pdf, 3.12.2020

Fox-Boyer, A., Neumann, S. (2017): Aussprachestörungen. In: Mayer, A., Ulrich, T. (Hrsg.): Sprachtherapie mit Kindern. Ernst Reinhardt, München, 14–84

Fuhrmann C., Merklinger D. (2015) Literarisches Lernen in Vorlesegesprächen. In: de Boer H., Bonanati, M. (Hrsg.) Gespräche über Lernen – Lernen im Gespräch. Springer VS, Wiesbaden, 251–266

Fürstenau, S. (2016): Teaching Practices of Academic Language Support. A Video-based Analysis of Mathematics Lessons in Germany and Switzerland. American Journal of Educational Research, 4(1), 91–103

Geißner, U. (1985): Lehrerreaktionen und Sprechausdruck: Zur Relevanz von suprasegmentalen Merkmalen in Unterrichtsprozessen. Schmitz, Giessen

Gibbons, P. (2002): Scaffolding Language, Scaffolding Learning. Heinemann, Portsmouth/NH

Glück, C. (2007): Pragmatische Störungen bei Kindern und Jugendlichen. In: Schöler, H. (Hrsg.): Handbuch Sonderpädagogik. Sonderpädagogik der Sprache. Bd. 1. Hogrefe, Göttingen [u. a.], 247–253

Götze, D. (2020): Sprachförderbuch. In: https://pikas.dzlm.de, 3.12.2020

Gogolin, I. (2003): Chancen und Risiken nach PISA. Über die Bildungsbeteiligung von Migrantenkindern und Reformvorschläge. In: Auernheimer, G. (Hrsg.): Schieflagen im Bildungssystem. Die Benachteiligung der Migrantenkinder. Budrich, Opladen, 33–50

Gogolin, I., Lange, I. (2011): Bildungssprache und durchgängige Sprachbildung. In: Fürstenau, S., Gomolla, M. (Hrsg.): Migration und schulischer Wandel: Mehrsprachigkeit. Springer, Berlin, 107–127

Gordon, T. (2013): Gute Beziehungen: Wie sie entstehen und stärker werden. Klett-Cotta, Stuttgart

Gudjons, H. (2007): Frontalunterricht neu entdeckt. Integration in offene Unterrichtsformen. Klinkhardt, Bad Heilbrunn

Gutknecht, D. (2012): Bildung in der Kinderkrippe. Wege zur professionellen Responsivität. Kohlhammer, Stuttgart

Gutknecht, D. (2010): Professionelle Responsivität. Dissertation. PH Heidelberg. In: https://opus.ph-heidelberg.de/frontdoor/deliver/index/docId/31/file/Gutknecht_Professionelle_Responsivitaet.pdf , 16.09.2020, 30.11.2020

Häcker, B., Stotz, A. I. (2010): Kieler Lautgebärden. Wandkarten und Plakat. Veris, Kiel

Haldimann, N., Hauser, S., Nell-Tuor, N. (2017): Aspekte multimodaler Unterrichtskommunikation am Beispiel des Klassenrats – Partizipationsformen und ihre medialen und räumlichen Ausprägungen. In: https://www.forumlecture.ch/sysModules/obxLeseforum/Artikel/595/2017_1_Hauser_et_al.pdf, 17.09.2020, 1.12.2020

Hammond, J., Gibbons, P. (2005): Putting Scaffolding to Work: The Contribution of Scaffolding in Articulating ESL Education. Prospect, 20 (1), 6–30

Han, Z.H. (2004): Fossilization: Five Central Issues. International Journal of Applied Linguistics 14(2), 212–242

Händel-Rüdinger, M. (2015): Frühkindlicher Erzählerwerb – Am Anfang steht das Happy End. L.O.G.O.S. Interdisziplinär 23(2), 100–105

Hartke, B., Blumenthal, Y., Carnein, O., Vrban, R. (2019): Schwierige Schüler – 64 Handlungsmöglichkeiten bei Verhaltensauffälligkeiten (Sekundarstufe). Persen, Hamburg

Hartke, B., Vrban, R. (2011): Schwierige Schüler. 49 Handlungsmöglichkeiten bei Verhaltensauffälligkeiten (1. bis 4. Klasse). Persen, Hamburg

Haslhofer, S. (2001): Nonverbale und gebärdensprachliche Aspekte visueller Kommunikation. Diplomarbeit an der Universität Graz

Hatfield, E., Cacioppo, J. T., Rapson, R. L. (1992): Primitive Emotional Contagion. Personality and Social Psychology Review 14(3), 151–177

Hattie, J. (2013): Visible Learning and the Science of How We Learn. Routledge, New York

Heller, V. (2017): Lerngelegenheiten für bildungssprachliche Kompetenzen: Wie partizipieren DaZ-Lerner am Erklären und Argumentieren im Unterricht? In: Fuchs,I., Jeuk, S., Knapp, W. (Hrsg.): Mehrsprachigkeit: Spracherwerb, Unterrichtsprozesse, Schulentwicklung. Klett Fillibach, Stuttgart 165–182

Heller, V., Morek, M. (2019): Fachliches und sprachliches Lernen durch Diskurs(Erwerbs) orientierte Unterrichtsgespräche. Empirische Evidenzen und Desiderata mit Blick auf inklusive Settings. Didaktik Deutsch 24(46), 102–121

Heller, V., Morek, M. (2016): Gesprächsanalyse. Mikroanalytische Beschreibung sprachlicher Interaktion in Bildungs- und Lernzusammenhängen. In: Boelmann, J. (Hrsg.): Empirische Bildungsforschung in der Deutschdidaktik. Schneider Hohengehren, Baltmannsweiler, 207–231

Heller, V., Morek, M. (2015a): Unterrichtsgespräche als Erwerbskontext: Kommunikative Gelegenheiten für bildungssprachliche Praktiken erkennen und nutzen. leseforum.ch (3), 1–23

Heller, V., Morek, M. (2015b): Academic Discourse as Situated Practice: An Introduction. Linguistics and Education 31, 174–186

Helmke, A. (2005): Vibrierende Pädagogen. Interview in DIE ZEIT 30. In: https://www.zeit.de/2005/30/B-Helmke-Interview, 27.08.2020, 30.11.2020

Hielscher, A. (2018): Frühförderung von sehbeeinträchtigten Kindern mit digitalen Medien. merz 2, 54–59

Hildebrandt, F., Scheidt, A., Hildebrandt, A., Hédervári-Heller, É., Dreier, A. (2016): Sustained Shared Thinking als Interaktionsformat und das Sprachverhalten von Kindern. Frühe Bildung, 5(2), 82–90

Hoffmann, L. (2019): Alltagssprache. In: https://epub.ub.uni-muenchen.de/61747/1/Hoffmann_Alltagssprache.pdf, 27.08.2020, 30.11.2020

Hüter-Becker, A., Barth, C. A. (Hrsg.) (2005): Das neue Denkmodell in der Physiotherapie (Vol. 2). Georg Thieme, Stuttgart

Isler, D., Wiesner, E., Künzli, S. (2016): „Jaaa ... beschreiben!" Ein Kreisgespräch im Kindergarten als Erwerbskontext schulischer Formen der Kommunikation. leseforum.ch, 1–17

Jeschonnek, B. (2019): Sprachförderung mit Musik zu „Paulas Reisen". Friedrich, Hannover

Jungmann, T., Albers, T. (2013): Frühe sprachliche Bildung und Förderung. Ernst Reinhardt, München

Jungmann, T., Miosga, C., Fuchs, A., Rohlfing, K. J. (2009): Konzeption eines Elterntrainings auf der Grundlage der Befunde aus der Multimodalen Motherese-Forschung. In: de Langen-Muller, U., Hielscher-Fastabend, M., Kleissendorf B. (Hrsg.): Sprachtherapie lohnt sich?! Zum aktuellen Stand der Evaluations- und Effektivitätsforschung in der Sprachtherapie. ProLog, Köln, 234. In: www.ifs.uni-hannover.de/fileadmin/ifs/Abteilungen/Sprach-Paedagogik_und_-Therapie/Projekte/Emotionale_Abstimmung/Poster_Multimodales_Motherese_Miosga-1.pdf, 18.09.2020, 1.12.2020

Jussim L., Harber, K. D. (2005): Teacher Expectations and Self-fulfilling Prophecies: Knowns, Unknowns, and Unresolved Controversies. Personality and Social Psychology Review, 9(2), 131–155

Kannengieser, S. (2019): Sprachentwicklungsstörungen. Grundlagen, Diagnostik und Therapie. Elsevier, München

Klages, H., Pagonis, G. (2015): Linguistisch fundierte Sprachförderung und Sprachdidaktik. De Gruyter, Berlin

Klein, J. (2016): Erklären-Was, Erklären-Wie, Erklären-Warum. Typologie und Komplexität zentraler Akte der Welterschließung. In: Vogt, R. (Hrsg.): Erklären. Stauffenburg, Tübingen, 25–36

Kleindiek, G. (o.J.): Das TeamPinBoard. In: https://www.teampinboard.de/, 29.08.2020, 30.11.2020

Kleinschmidt, K. (2015): Sprachliches Lehrerhandeln als Bestandteil der professionellen Kompetenz von Lehrerinnen und Lehrern – Konturen eines wenig beachteten Forschungsfeldes. Leseräume 3(3), 98–114

Kleinschmidt-Schinke, K. (2018): Die an die Schüler/-innen gerichtete Sprache (SgS). Studien zur Veränderung der Lehrer/-innensprache von der Grundschule bis zur Oberstufe. De Gruyter, Berlin

Kliebisch, U., Meloefski, R. (2013): Auffordern und Herausfordern. Wie man Schülern im Unterricht konstruktiv Rückmeldung geben kann. Pädagogik 65(7–8), 16–19

KMK – Kultusministerkonferenz (2015): Empfehlungen zur Arbeit in der Grundschule. In: https://www.kmk.org/fileadmin/pdf/PresseUndAktuelles/2015/Empfehlung_350_KMK_Arbeit_Grundschule_01.pdf, 28.08.2020, 30.11.2020

KMK – Kultusministerkonferenz (2004): Bildungsstandards im Fach Deutsch für den Primarbereich. In: https://www.kmk.org/fileadmin/veroeffentlichungen_beschluesse/2004/2004_10_15-Bildungsstandards-Deutsch-Primar.pdf, 11.09.2020, 1.12.2020

Kniffka, G. M., Neuer, B. S. (2007): „Wo geht's hier nach Aldi?" – Fachsprachen lernen im kulturell heterogenen Klassenzimmer. In: https://www.uni-due.de/imperia/md/content/prodaz/pgf_27_opus_2008-10-21_s121_135.pdf, 17.09.2020, 1.12.2020

Knoblauch, H. (2013): Grundbegriffe und Aufgaben des kommunikativen Konstruktivismus. In: Keller, R., Knoblauch, H., Reichertz, J. (Hrsg.): Kommunikativer Konstruktivismus. Theoretische und empirische Arbeiten zu einem neuen wissenssoziologischen Ansatz. VS Verlag für Sozialwissenschaften, Wiesbaden, 25–48

Korff, N. (2015): Inklusiver Mathematikunterricht in der Primarstufe. Erfahrungen, Perspektiven und Herausforderungen. Schneider Hohengehren, Baltmannsweiler

Kress, G. (2010): Multimodality: A Social Semiotic Approach to Contemporary Communication. Routledge, London

Krummheuer, G. (1992): Lernen mit „Format". Elemente einer interaktionistischen Lerntheorie – Diskutiert an Beispielen mathematischen Unterrichts. Deutscher Studien Verlag, Weinheim

Kullmann, H., Lütje-Klose, B., Textor, A. (2014): Allgemeine Didaktik für inklusive Lerngruppen – fünf Leitprinzipien als Grundlage eines Bielefelder Ansatzes der inklusiven Didaktik. In: Amrhein, B., Dziak-Mahler, M. (Hrsg.): Fachdidaktik inklusiv – Auf der Suche nach didaktischen Leitlinien für den Umgang mit Vielfalt in der Schule. Waxmann, Münster, 89–107

Kunina-Habenicht O., Decker, A.-T., Kunter, M. (2015): Lehrerpersönlichkeit und professionelle Kompetenzen von Lehrkräften. In: Drewes, S., Hasselhorn, M., Seifried, K. (Hrsg.): Handbuch Schulpsychologie. Psychologie für die Schule. Kohlhammer, Stuttgart, 319–330

Kunter, M., Holzberger, D. (2014): Loving Teaching: Research on Teachers' Intrinsic Orientations. In: Karabenick S. A., Richardson P. W., Watt H. M. G. (Hrsg.): Teacher Motivation: Theory and Practice. Routledge, New York, 83–99

Kunter, M., Pohlmann, B. (2009): Lehrer. In: Möller, J., Wild, E. (Hrsg.): Einführung in die Pädagogische Psychologie. Springer, Heidelberg, 261–282

Kunter, M., Voss, T. (2011): Das Modell der Unterrichtsqualität in COACTIV: eine multikriteriale Analyse. In: Baumert, J., Blum, W. Kunter, M., et al. (Hrsg.): Professionelle Kompetenz von Lehrkräften – Ergebnisse des Forschungsprogramms COACTIV. Waxmann, Münster, 85–113

Kutting, D. (2013): Gemeinsam über den Unterricht sprechen. Kollegiale Fallberatung in der Schule. Pädagogik 65, 32–35

Laßmann, I., Ulrich, T. (2020): ‚Wortschatzsammler' im Unterricht: Entwicklung und Evaluation eines strategieorientierten, unterrichtsintegrierten Förderkonzepts. Vierteljahresschrift für Heilpädagogik und ihre Nachbargebiete (VHN), 89(2), 125–126

Leisen, J. (2010): Handbuch Sprachförderung im Fach –Sprachsensibler Fachunterricht in der Praxis. Varus, Bonn

Leisen, J. (2007): Das Erklären im Unterricht. Deutscher Verein zur Förderung des mathematischen und naturwissenschaftlichen Unterrichts, 60(8), 459–462

Leisen, J. (2004): Steckbrief Methoden-Werkzeuge. Deutsch in allen Fächern. In: http://www.josefleisen.de/downloads/methodenwerkzeuge/63%20Deutsch%20

in%20allen%20F%C3%A4chern-Steckbrief%20Methoden-Werkzeuge%20FD%202004.pdf, 29.08.2020, 1.12.2020

Leisen, J. (2003): Unterrichtsgespräch: Fragend-entwickelnder Unterricht, sokratischer Dialog und Schülergespräche. In: http://www.josefleisen.de/downloads/lehrenlernen/03%20Unterrichtsgespr%C3%A4ch%20-%20Fragend-entwickelnder%20Unterricht.pdf, 27.08.2020, 30.11.2020

Leisen, J., Hopf, M. (2011): Methoden-Werkzeuge. In: Hopf, M., Schecker, H., Wiesner H. (Hrsg.): Physikdidaktik kompakt. Aulis, Köln, 93–98

Leuders, S., Hußmann, S., Barzel, B., Prediger, S. (2011): „Das macht Sinn!" Sinnstiftung mit Kontexten und Kernideen. Praxis der Mathematik in der Schule, 53(37), 2–9

Leuders, T., Prediger, S. (2016): Flexibel differenzieren und fokussiert fördern im Mathematikunterricht. Cornelsen, Berlin

Lindner, G. (1977): Hören und Verstehen. Berlin, Akademie Verlag

Linke, A., Nussbaumer, M., Portmann, P. R. (2004): Studienbuch Linguistik. Niemeyer, Tübingen

Lohmann, G. (2003): Mit Schülern klarkommen. Professioneller Umgang mit Unterrichtsstörungen und Disziplinkonflikten. Cornelsen Scriptor, Berlin

Ludwig, P. H. (2010): Erwartungseffekt. In: Rost, D. H. (Hrsg.), Handwörterbuch Pädagogische Psychologie. Beltz, Weinheim, 144–150

Lüdtke, U., Stitzinger, U. (2017): Kinder mit sprachlichen Beeinträchtigungen unterrichten. Ernst Reinhardt, München

Mahlau, K., Hartke, K., Voß, S. (2016): Lernen nachhaltig fördern. Grundlagen und Förderung im Bereich der sprachlichen Entwicklung. Bd. 4, Verlag Dr. Kovac, Hamburg

Mariani, L. (1997): Teacher Support und Teacher Challenge in Promoting Learner Autonomy. Perspectives 23(2). In: http://www.learningpaths.org/englshindex.htm, 02.09.2020, 30.11.2020

Marks, D.-K. (2017): Effektivität lexikalischer Strategietherapie im Grundschulalter unter besonderer Berücksichtigung mehrsprachig aufwachsender Kinder. Adaption des „Wortschatzsammler"-Konzepts und Evaluation im Rahmen einer randomisierten und kontrollierten Interventionsstudie. Shaker, Aachen

Matter, M., Faust, A. (2009): Ein Schaf fürs Leben. Verlag Friedrich Oetinger, Hamburg

Maybin, J., Mercer, N., Stierer, B. (1992): Scaffolding Learning in the Classroom. In: Norman, K. (Hrsg.): Thinking Voices. Hodder & Stoughton, London, 21–31

Mayer, A. (2018): Gezielte Förderung bei Lese-Rechtschreibschwierigkeiten. 3. überarb. Aufl. Ernst Reinhardt, München

Mayr, J., Neuweg, G.H. (2006): Der Persönlichkeitsansatz in der Lehrer/innen/forschung. In: Greiner, U., Heinrich, M. (Hrsg.): Schauen, was ‚rauskommt. Kompetenzförderung, Evaluation und Systemsteuerung im Bildungswesen. Lit, Wien 183–206

McNeill, D. (1992): Hand and Mind: What Gestures Reveal about Thought. Leonardo 27(4), 358

Mehan, H. (1979): „What Time Is It, Denise?“: Asking Known Information Questions in Classroom Discourse. Theory into Practice 28(4), 285–294

Merten, R. (1996): Inklusion/Exklusion und Soziale Arbeit. Zeitschrift für Erziehungswissenschaft 4, 173–190

Meyer, H. (2007): Ergänzungen zum Stichwort Lernstrategien. In: https://uol.de/f/1/inst/paedagogik/personen/hilbert.meyer/3.Ergaenzung_zum_selbstregulierten_Lernen.pdf, 18.09.2020, 1.12.2020

Michaels, S., O’Connor, M. C. (2015): Conceptualizing Talk Moves as Tools: Professional Development Approaches for Academically Productive Discussions. In: Resnick, L. B., Asterhan, C., Clarke, S. N. (Hrsg.): Socializing Intelligence through Academic Talk and Dialogue. Washington, DC: AERA, 347–361

Michaels, S., O’Connor, M. C., Williams Hall, M., Resnick, L. B. (2013): Accountable Talk Sourcebook. For Classroom Conversation that Works. Institute for Learning, Pittsburgh

Milne, A. A. (2015): Pu der Bär. Dressler, Berlin. Kapitel 5, 62–75

Ministerium für BWWK (2014): Rahmenplan Grundschule. Teilrahmenplan Mathematik. In: https://grundschule.bildung-rp.de/fileadmin/user_upload/grundschule.bildung-rp.de/Downloads/Rahmenplan/Rahmenplan_Grundschule_TRP_Mathe_01_08_2015.pdf, 14.09.2020, 1.12.2020

Miosga, C. (2020). Cognitively Activating and Emotionally Attuning Interactions: Their Relevance for Language and Literacy Learning and Teaching with Digital Media. In Rohlfing, K. J., Müller-Brauers, C. (Hrsg.), International Perspectives on Digital Media and Early Literacy, Routledge, London, 27–49

Miosga, C. (2019): „Come together“ – Multimodale Responsivität und Abstimmung im Spracherwerb und in der Sprachförderung. In: Bose, I., Hannken-Illjes, K., Kurtenbach, S. (Hrsg.): Kinder im Gespräch – mit Kindern im Gespräch. Reihe „Studien zur Sprechwissenschaft und Phonetik“, Frank & Timme, Berlin, 149–174

Miosga, C. (2014): „Diversity in Speech”: LehrerInnenstimme(n) in der inklusiven Schule. In: Glück, C. W., Sallat, S., Spreer, M. (Hrsg.): Sprache professionell fördern: kompetent – vernetzt – innovativ. Schulz-Kirchner, Idstein, 228–237

Miosga, C. (2011): Sprecherisch-stimmliche Reflexivität, Gestaltungsfähigkeit und Belastbarkeit – ein Beitrag zur Professionalisierung der Lehrerbildung? In: journal für lehrerinnen- und lehrerbildung, Heft 03/2011, 60–67

Miosga, C. (2006): Habitus der Prosodie – Die Bedeutung der Rekonstruktion von personalen Sprechstilen in pädagogischen Handlungsfeldern. Peter Lang, Frankfurt a.M.

Miosga, C., Müller-Brauers, C. M., Hahn, A. (2021): Mit Bilderbuch-Apps in Geschichten eintauchen – Ideen für den inklusiven Deutschunterricht. Praxis Grundschule 1, 28–33

Morek, M. (2013): Erzählkreise: Narrativ eingebettete Erklärsequenzen als authentische Gesprächsanlässe im Unterricht. In: Becker, T., Wieler, P. (Hrsg.): Erzählforschung und

Erzähldidaktik heute. Entwicklungslinien, Konzepte, Perspektiven. Stauffenburg, Tübingen, 73–95

Morek, M. (2012): Kinder erklären. Interaktionen in Familie und Unterricht im Vergleich. Stauffenburg, Tübingen

Motsch, H.-J. (2017): Kontextoptimierung. Evidenzbasierte Intervention bei grammatischen Störungen in Therapie und Unterricht. Ernst Reinhardt, München

Motsch, H.-J., Brüll, T. (2009): Der Wortschatzsammler: Interventionsstudie zum Vergleich lexikalischer Strategie- und Elaborationstherapie. Vierteljahresschrift für Heilpädagogik und ihre Nachbargebiete (VHN) 78(4), 346–347

Motsch, H.-J., Marks, D.-K. (2014): Der Wortschatzsammler – Strategietherapie lexikalischer Störungen im Schulalter. In: Sallat, S., Spreer, M., Glück, Ch.-W. (Hrsg.): Sprache professionell fördern. Schulz-Kirchner, Idstein, 433–441

Motsch, H.-J., Marks, D.-K. (2013): Effektivität lexikalischer Strategietherapie im Schulalter. RCT mit ein- und mehrsprachigen Kindern. Vierteljahresschrift für Heilpädagogik und ihre Nachbargebiete (VHN) 82(2), 160–161

Motsch, H.-J., Marks, D.-K., Ulrich, T. (2018): Wortschatzsammler. Evidenzbasierte Strategietherapie lexikalischer Störungen im Kindesalter. 3. Überarb. Aufl. Ernst Reinhardt, München

Motsch, H.-J., Rietz, C. (2019): ESGRAF 4-8. Grammatiktest für 4- bis 8-jährige Kinder. Ernst Reinhardt, München

Müller-Brauers, C., Potthast, I. (2020): Inklusive Grammatikförderung mit Bilderbüchern. BISS-Journal 11, 1618

Myers, D. G. (2012): Persönlichkeit. In: Myers, D.G. (Hrsg.): Psychologie. Springer, Berlin, 551–593

Naugk, N., Ritter, A., Ritter, M., Zielinski, S. (2016): Deutschunterricht in der inklusiven Grundschule. Perspektiven und Beispiele. Beltz, Weinheim

Nystrand, M. (1997): Opening Dialogue. Understanding the Dynamics of Language and Learning in the English Classroom. Teachers College Press, New York

Nystrand, M., Gamoran, A. (1991): Instructional Discourse, Student Engagement, and Literature Achievement. Research in the Teaching of English 25(3), 261–290

Olhus, S., Quasthoff, U., Stude, J. (2006): Vom Erzählen zum Text. Grundschule 38, 30–31

O'Neill, D. K., Pearce, M. J., Prick, J. L. (2004): Predictive Relations between Aspects of Preschool Children's Narratives and Performance on the Peabody Test. First Language 24(2), 149–183

Payer, M. (2000): Internationale Kommunikationskulturen – 4. Nonverbale Kommunikation. Teil 1: Gesichtsausdruck und Blick als Signale. http://www.payer.de/kommkulturen/kultur041.htm, 17.06.2020, 30.11.2020

Plate, M. (2015): Grundlagen der Kommunikation. Gespräche effektiv gestalten. UTB, Stuttgart

Ptok, G. (1991): Zur Stimme Lehrender: Lebensgeschichtliche und situative Einflüsse. In: Kutter U., Wagner R. W.(Hrsg.): Stimme. Cornelsen Scriptor, Frankfurt a.M., 137–148

Putzier, E.-M. (2016): Am Experimentiertisch: Position und Positionierung im Chemieunterricht. In: Hausendorf, H., Kesselheim, W., Schmitt, R. (Hrsg.): Interaktionsarchitektur, Sozialtopografie und Interaktionsraum. Narr, Tübingen, 303–333

Putzier, E.-M. (2012): Der Demonstrationsraum als Form der Wahrnehmungsstrukturierung. In: Hausendorf, H., Mondada, L., Schmitt, R. (Hrsg.): Raum als interaktive Ressource. Narr, Tübingen, 275–315

Quasthoff, U. (2011): Diskurs- und Textfähigkeiten: Kulturelle Ressourcen ihres Erwerbs. In: Hoffmann, L., Leimbrink, K., Quasthoff, U. (Hrsg.): Die Matrix der menschlichen Entwicklung. De Gruyter, Berlin, 213–256

Quasthoff, U. (2009): Entwicklung der mündlichen Kommunikationskompetenz. In: Becker-Mrotzek, M. (Hrsg.): Unterrichtskommunikation und Gesprächsdidaktik. Teilband Mündlichkeit in der Handbuchreihe Deutschunterricht in Theorie und Praxis. Schneider Hohengehren, Baltmannsweiler, 84–100

Reber, K., Schönauer-Schneider, W. (2020): Sprachförderung im inklusiven Unterricht. Praxistipps für Lehrkräfte. Ernst Reinhardt, München

Reber, K., Schönauer-Schneider, W. (2018): Bausteine sprachheilpädagogischen Unterrichts. Ernst Reinhardt, München

Reich, H. H., Roth, H.-J. (2007): HAVAS-5 – Das Hamburger Verfahren zur Analyse des Sprachstands bei Fünfjährigen. In: Neumann, U., Reich, H. H., Roth, H.-J. (Hrsg.): Sprachdiagnostik im Lernprozess. Verfahren zur Analyse von Sprachständen im Kontext von Zweisprachigkeit. Waxmann, Münster, 71–94

Richardson, P. W., Karabenick, S. A., Watt, H. M. G. (2014): Teacher Motivation: Theory and Practice. Routledge, New York

Riehemann, S. (2008): Therapie fehlender Kasusfähigkeiten grammatisch gestörter Kinder in kontextoptimierten Unterrichtsphasen. Interventionsstudie in zweiten Klassen an Schulen mit dem Förderschwerpunkt Sprache. Inauguraldissertation, Universität zu Köln

Rosenberg, M. B. (2011). Gewaltfreie Kommunikation. Eine Sprache des Lebens. Junfermann, Paderborn

Ruppert, I., Schönauer-Schneider, W. (2008): Unterscheidet sich sprachheilpädagogischer Unterricht vom Unterricht der allgemeinen Schule? Eine Pilotstudie zur Unterrichtssprache einer Sprachheillehrerin und einer Grundschullehrerin. Die Sprachheilarbeit 53(6), 324–333

Sallat, S., Spreer, M. (2014): Förderung kommunikativpragmatischer Fähigkeiten in Unterricht und therapeutischer Praxis. Sprachförderung und Sprachtherapie in Schule und Praxis 3(3), 156–166

Sallat, S., Spreer, M., Franke, G., Schlamp-Diekmann, F. (2016): Pragmatisch-kommunikative Störungen – Herausforderungen für Sprachheilpädagogik und Sprachtherapie in Schule und Berufsbildung. In: Lüdtke, U., Sallat, S., Stitzinger, U. (Hrsg.): Sprache und Inklusion als Chance?! Expertise und Innovation für Kita, Schule und Praxis. Schulz-Kirchner, Idstein, 119–129

Schäfer, S. (2017): Aushänge: Stimmungen/Gefühle/Emotionen. In: https://www.zaubereinmaleins.de/kommentare/aushaenge-stimmungen-gefuehle-emotionen....1771/, 3.12.2020

Scheidt, K. (2017): Inklusion im Spannungsfeld von Individualisierung und Gemeinsamkeit. Schneider Hohengehren, Baltmannsweiler

Scherz-Schade, S. (2004): Deutsche Radio-Nachrichten: Der Wandel ihres Sprachgebrauchs. Technische Universität Berlin, Berlin

Schmidt, M. (2009): Kontextoptimierte Gruppentherapie zur Förderung früher grammatischer Fähigkeiten in der Erst- und Zweitsprache. Inauguraldissertation, Universität zu Köln

Schmitt, R. (2015): Positionspapier: Multimodale Interaktionsanalyse. In: Dausendschön-Gay, U., Gülich, E., Krafft, U. (Hrsg.): Ko-Konstruktionen in der Interaktion. Die gemeinsame Arbeit an Äußerungen und anderen sozialen Ereignissen. transcript, Bielefeld, 43–51

Schmitt, R., Putzier, E.-M. (2017): Multimodal-interaktionsräumliche Grundlagen defacto-didaktischen Handelns im Unterricht. In: Hoffmann, S., Schön, A., Schwab, G. (Hrsg.): Interaktion im Fremdsprachenunterricht. Beiträge aus der empirischen Forschung. LIT, Münster, 151–172

Schmitt, K., Weiß, P. (2004): Sprach-und Kommunikationsverhalten der Lehrkraft als Mittelunterichtsimmanenter Sprach-und Kommunikationsförderung. In: Grohnfeldt, M. (Hrsg.): Lehrbuch der Sprachheilpädagogik und Logopädie. Bd 5. Kohlhammer, Stuttgart, 167–179

Schönauer-Schneider, W., Schweiz, B. (2006): Sprache lernt man nur durch Sprechen. DVD. https://medien.edu.lmu.de/shop/produkte/sprache-lernt-man-nur-durch-sprechen, 1.12.2020

Schulz von Thun, F. (o. J.): Das Kommunikationsquadrat https://www.schulz-von-thun.de/die-modelle/das-kommunikationsquadrat#&gid=1&pid=1, 2.12.2020

Schulz von Thun, F. (1981): Miteinander reden 1: Störungen und Klärungen. Allgemeine Psychologie der Kommunikation. Rowohlt, Hamburg

Schwarz, M., Chur, J. (1993): Semantik. Ein Arbeitsbuch. Narr, Tübingen

Shulman, L.S. (1986): Those Who Understand. Language Growth in Teaching. Educational Researcher 15(2), 4–21

Simon, S., Sachse, S. (2011): Sprachförderung in der Kindertagesstätte. Verbessert ein Interaktionstraining das sprachförderliche Verhalten von Erzieherinnen? Empirische Pädagogik 25(4), 462–480

Siraj-Blatchford, I. (2012): Curriculum, Pedagogy and Progression in Sustained Shared Thinking. Every Child 18(3), 34–35

Siraj-Blatchford, I. (2007): Creativity, Communication and Collaboration: The Identification of Pedagogic Progression in Sustained Shared Thinking. Asia-Pacific Journal of Research in Early Childhood Education

Smit, J., van Eerde, D. (2013): What Counts as Evidence for the Long-term Realisation of Whole-class Scaffolding? Learning, Culture and Social Interaction 2 (1), 22–31

Stecher, M., Rauner, R. (2019): Unterrichtsqualität im Förderschwerpunkt Hören und Kommunikation. Median, Heidelberg

Stern, D. (2007): Die Lebenserfahrung des Säuglings. Klett-Cotta, Stuttgart

Stern, D. (1993): Tagebuch eines Babys. Was ein Kind sieht, spürt, fühlt und denkt. Piper, München/Zürich

Tajmel, T. (2013): Bildungssprache im Fach Physik. In: Gogolin, I., Michel, U., Reich, H. H. (Hrsg.): Herausforderung Bildungssprache. FörMig-Edition. Waxmann, Münster, 239–256

Tomasello, M. (2019): Becoming Human: A Theory of Ontogeny. Harvard University Press, Harvard

Ulrich, T. M. (2012): Effektivität lexikalischer Strategietherapie im Vorschulalter: Eine randomisierte und kontrollierte Interventionsstudie. Shaker, Aachen

Ulrich, T., Marks, D. (2018): Wortschatzsammler im Unterricht. Erfolgreiches Lernen von Fachwörtern durch die Adaption der lexikalischen Strategietherapie. In: Gierschner, B., Jungmann, T., Meindl, M., Sallat, S. (Hrsg.): Sprach- und Bildungshorizonte. Wahrnehmen – Beschreiben – Erweitern. Kongressband des 33. Bundeskongresses der Deutschen Gesellschaft für Sprachheilpädagogik (dgs). Schulz Kirchner, Idstein, 239–245

Ulrich, T., Schneggenburger, K. (2012): Lexikalische Strategietherapie für Vorschulkinder mit dem Wortschatzsammler. Sprachförderung und Sprachtherapie in Schule und Praxis 2(1), 63–71

Unruh, T. (2012): Konfliktgespräche souverän führen. Praxiserprobte Tipps für den Lehreralltag. AOL, Hamburg

Unruh, T., Petersen, S. (2011): Guter Unterricht. AOL, Hamburg

Verboom, L. (2008): Mit dem Rhombus nach Rom. Aufbau einer fachgebundenen Sprache im Mathematikunterricht der Grundschule. In: Bainski, C., Krüger-Potratz, M. (Hrsg.): Handbuch Sprachförderung. Neue Deutsche Schule, Essen, 95–112

Vogt, R. (2009): Erklären. Gesprächsanalytische und fachdidaktische Perspektiven. Stauffenburg, Tübingen

Walsh, S. (2011): Exploring Classroom Discourse: Language in Action. Taylor & Francis, New York

Watzlawick, P., Beavin, J. H., Jackson, D. D. (1969): Menschliche Kommunikation. Huber, Bern

Wehrmann, U. (2013): Wertschätzend und kreativ kommunizieren. Wege zu einer motivierenden Gesprächsführung in der Schule. Pädagogik 65(7–8), 24–27

Weidner, J., Kilb, R. (2011): Handbuch Konfrontative Pädagogik. Beltz, Weinheim

Weinberger, S. (2013): Klientenzentrierte Gesprächsführung: Lern- und Praxisanleitung für psychosoziale Berufe. Beltz, Weinheim

Weinert, F. E. (2001): Leistungsmessungen in Schulen. Beltz, Weinheim

Wiedemann-Mayer, C., Jakob, J. (2015): SUBIK. Sprachunterstützende Begleitung in Kindergarten und Schule. Borgmann, Dortmund

Wildemann, A., Fornol, S. (2017): Sprachsensibel unterrichten in der Grundschule. Anregungen für den Deutsch-, Mathematik- und Sachunterricht. Klett, Selze

Wittmann, E. Ch., Müller, G. N. (2004): Das Zahlenbuch 1. Klett, Leipzig

Wood, D., Bruner, J. S., Ross, G. (1976): The Role of Tutoring in Problem Solving. Journal of Child Psychology and Psychiatry 17(2), 88–100

Wygotsky, L. S. (2014): Denken und Sprechen. Fischer, Frankfurt

Zevenbergen, A. A., Whitehurst, G. J. (2003): Dialogic Reading: A Shared Picture Book Reading Intervention for Preschoolers. In: Bauer, E. B., Stahl, S. A., van Kleeck, A., (Hrsg.): Center for Improvement of Early Reading Achievement, CIERA. On Reading Books to Children: Parents and Teachers. Lawrence Erlbaum, Hillsdale, 177–200

Sachregister